精准风险决策指南

Guide for Making Acute Risk Decisions

〔美〕Center for Chemical Process Safety 编著
纪 磊 李永龙 等译
张延斌 张小涛 等校
徐开宇 黄起中 审

中国石化出版社
·北京·

内 容 提 要

本书原版由美国化学工程师协会化工过程安全中心(CCPS)编著,旨在为化工行业提供系统化的风险管理与决策方法,以预防重大化工事故。本书的核心是在基于风险的过程安全框架下,探讨如何进行科学合理的决策;通过结构化流程和科学工具,将风险管理融入化工全生命周期,平衡安全、环境与经济效益。本书利用公开文献中描述的真实问题案例,就风险决策流程进行了详细说明,通过这些案例展示了风险矩阵、保护层分析、故障树分析、事件树分析、定量风险分析等各种定性和定量风险分析工具的应用情况。

本书适用于化工、炼油等行业的过程安全管理人员、工程师和决策者,以及高等院校相关专业师生等。

著作权合同登记 图字:01-2024-5250 号

Guide for Making Acute Risk Decisions
By Center for Chemical Process Safety(CCPS), ISBN:978-1-118-93021-2

图书在版编目(CIP)数据

精准风险决策指南 / 美国化工过程安全中心编著 ;
纪磊等译. -- 北京 : 中国石化出版社, 2025. 8
(2026. 1 重印). -- ISBN 978-7-5114-8041-5
Ⅰ. F407.7-62
中国国家版本馆 CIP 数据核字第 2025U46920 号

中国石化出版社出版发行
地址:北京市东城区安定门外大街 58 号
邮编:100011 电话:(010)57512500
发行部电话:(010)57512575
http://www.sinopec-press.com
E-mail:press@sinopec.com
北京科信印刷有限公司印刷
全国各地新华书店经销
*
787 毫米×1092 毫米 16 开本 10 印张 176 千字
2025 年 8 月第 1 版 2026 年 1 月第 2 次印刷
定价:65.00 元

“CCPS 过程安全图书精选 10 册”
编译委员会

陈毅峰　万华化学集团股份有限公司高级副总裁
纳永良　北京思创信息系统有限公司董事长
徐开宇　国家能源投资集团有限责任公司安环部主任
董小刚　北京伊埃管理咨询有限公司总经理
焦权声　中海油安全技术服务有限公司(中国海油安全生产培训中心)副总经理
普建武　万华化学集团股份有限公司首席过程安全专家

“CCPS 过程安全图书精选 10 册”
编译审核组

组　长： 王浩水　中国职业安全健康协会党委副书记、副理事长、总工程师　应急管理部原党组成员、总工程师

副组长： 王海军　中国职业安全健康协会驻会专家　应急管理部原应急指挥专员

罗新军　山东省工业和信息化厅原一级巡视员

胡予红　中国职业安全健康协会驻会专家　应急管理部国际交流合作中心原副主任

李文悦　中国职业安全健康协会副秘书长

组　员：（按姓氏笔画排序）

尹法波　青岛欧赛斯科技发展集团有限公司总工程师

卢朋慧　陶氏化学（张家港）有限公司工艺安全经理

刘　军　中国职业安全健康协会化工（危化）二部副主任

刘若尘　应急管理大学（筹）教授

刘慧茹　中国职业安全健康协会化工（危化）一部主任

李双程　伊士曼（中国）投资管理有限公司亚太区 HSE 总监

李永龙　国家能源集团北京低碳清洁能源研究院《清洁能源》期刊执行主编

李峰路　北京思创信息系统有限公司高级专家

吴祚祥　中国石油集团安全环保技术研究院有限公司二级工程师

张绍朋　中国职业安全健康协会化工（危化）二部业务专员

周纪标　安姆科集团亚太区 EHS 总监

孟庆杰　赢创特种化学(上海)有限公司北亚区过程安全经理
袁小军　北京风控工程技术股份有限公司技术总监
党文义　中国石化安全工程研究院有限公司副院长
徐　斌　中化应急技术服务(舟山)有限公司副总经理
高永宜　诺力昂化学品(上海)有限公司亚太区 HSE 总监
黄起中　国家能源投资集团有限责任公司安环部副主任
曹唯一　朗盛化学(中国)有限公司生产技术安全环境总监
董小刚　北京伊埃管理咨询有限公司总经理
普建武　万华化学集团股份有限公司首席过程安全专家
曾小明　鼎尚管理咨询(上海)有限公司总经理
蒲连雄　中海油安全技术服务有限公司安全总监

序

化工过程安全管理是预防重大危险化学品事故的先进理论和方法。美国化学工程师协会化工过程安全中心(CCPS)先后出版了100多本过程安全图书，不断总结化工过程安全管理的新理论、新知识与新实践，指导化工企业不断增强化工过程安全管理理念，持续提升化工过程安全管理水平，取得了显著成果，得到国际化工行业高度赞赏和认可。系统翻译CCPS过程安全图书是借鉴国际先进化工过程安全管理理念、技术与成功经验的有效举措，也是构建我国化工过程安全管理知识体系的必要措施，对推进我国化工行业高质量发展、推动我国危险化学品安全治理模式向事前预防转型具有重要和深远的意义。

中国职业安全健康协会(以下简称协会)党委副书记、副理事长、总工程师王浩水同志长期以来致力于推动化工过程安全管理的中国实践。为系统学习借鉴国际经验，王浩水同志亲自发起、组织和指导编委会首批甄选10册CCPS过程安全图书进行翻译出版，形成"CCPS过程安全图书精选10册"，后期还将陆续组织翻译、出版其他CCPS过程安全图书。

"CCPS过程安全图书精选10册"包括：

《过程安全工程设计指南(第二版)》(*Guidelines for Engineering Design for Process Safety, Second Edition*)

《通过事故调查持续改进过程安全》(*Driving Continuous Process Safety Improvement from Investigated Incidents*)

《过程安全领导力——从董事会到基层》(*Process Safety Leadership from the Boardroom to the Frontline*)

《精准风险决策指南》(*Guide for Making Acute Risk Decisions*)

《过程危害分析验证指南(第二版)》(*Guidelines for Revalidating*

a Process Hazard Analysis, Second Edition)

《过程安全人因失误防范指南》(*Guidelines for Preventing Human Error in Process Safety*)

《过程安全文件编制指南》(*Guidelines for Process Safety Documentation*)

《过程安全知识管理指南》(*Guidelines for Process Safety Knowledge Management*)

《化学品安全仓储指南》(*Guidelines for Safe Warehousing of Chemicals*)

《过程安全事故典型案例解析》(*More Incidents that Define Process Safety*)

"CCPS过程安全图书精选10册"分别由中国石油化工集团有限公司、国家能源投资集团有限责任公司、中国石油集团安全环保技术研究院、中国海洋石油集团有限公司安全生产培训中心、国家石油天然气管网集团科学技术研究总院、中国石油大学(华东)、万华化学集团股份有限公司安全生产管理中心、应急管理大学(筹)、北京风控工程技术股份有限公司、北京伊埃管理咨询有限公司、北京思创信息系统有限公司翻译和校审。

除以上单位外,朗盛化学(中国)有限公司、德凯达(上海)投资有限公司、诺力昂化学品(上海)有限公司、阿科玛(中国)投资有限公司、伊士曼(中国)投资管理有限公司、安姆科(中国)有限公司、圣莱科特集团、陶氏化学(中国)投资有限公司等在华外资企业也参与了"CCPS过程安全图书精选10册"翻译稿的校审工作。

"CCPS过程安全图书精选10册"不仅是传播化工过程安全管理新理念、新理论和新知识的载体,也是奉献化工安全风险管理新技术、新方法和新工具的手册。在翻译首批甄选的10册CCPS过程安全图书时,我们始终秉持"精准性、专业性、实用性"要求,力求在跨语言转换中实现基本原理、技术内涵的零损耗,既要忠于原著,又要契合我国化工安全管理实践。

在文字上，我们坚持“信”“达”“雅”原则，力求译文既保留原意又符合中文表达习惯，注重每句话的完整性，内容的准确性，语法结构的流畅性，语言载体的文学性。翻译过程中，协会多次组织专家就专业术语、书稿译文进行探讨斟酌。希望“CCPS 过程安全图书精选 10 册”能够准确呈现先进化工过程安全管理理念和科学方法，成为化工过程安全管理的理论和专业工具书。

首批甄选的 10 册 CCPS 过程安全图书翻译不仅是语言的转换，更是传播先进理念、安全文化和科学管理方法的桥梁，有助于国内化工从业者掌握国际前沿的安全管理方法，推动我国化工行业安全治理模式向事前预防转型。

愿“CCPS 过程安全图书精选 10 册”成为中外化工安全知识融合的典范，为守护更多劳动者安全健康、促进化工行业高质量发展贡献译者的专业力量。

“CCPS 过程安全图书精选 10 册”编译委员会

2025 年 5 月

《精准风险决策指南》
编译审校人员

编译人员： 纪　磊　李永龙　郭建秋　俞　越
巴黎明　张延斌　柴佳春

审校人员： 徐开宇　黄起中　张延斌　张小涛
刘继臻　刘若尘　高永宜

译者的话

美国化工过程安全中心(CCPS)长期致力于促进化学行业的安全发展，通过系统性地完善过程安全管理框架，组织编写了一系列CCPS专著，在国际化工安全领域被公认为是重要的专业技术文献和理论参考。将这些书引入中文出版领域，不仅为我国化工及危险化学品安全生产提供了宝贵的国际经验参考，有助于推动行业安全技术水平提升，同时也为我国化工企业构建与国际标准接轨的安全管理体系奠定了重要基础。

本书的核心思想是探讨在基于风险的过程安全框架下，如何进行科学合理的决策。本书适用于化工、炼油等行业的过程安全管理人员、工程师和决策者，有助于他们在复杂环境中做出科学、合理的风险决策，提升安全管理水平。

本书利用公开文献中描述的真实问题案例，就风险决策流程进行了详细说明，通过这些案例展示了风险矩阵、保护层分析、故障树分析、事件树分析、定量风险分析等各种定性和定量风险分析工具的应用情况。本书通过结构化流程和科学工具，将风险管理融入化工全生命周期，平衡安全、环境与经济效益。其方法论不仅适用于高风险场景，也为日常决策提供了可扩展的框架，旨在培养“风险感知”文化，实现可持续的安全绩效提升。

国家能源投资集团有限责任公司安环部组织北京低碳清洁能源研究院负责本书的翻译工作。参加翻译工作的有纪磊、李永龙、郭建秋、俞越、巴黎明、张延斌、柴佳春，参加校核工作的有张延斌、张小涛、刘继臻、刘若尘、高永宜，本书最后由徐开宇、黄起中审定。

感谢中国职业安全健康协会、中国石化出版社为本书出版给予的大力支持和指导。希望本书的出版对化工及危险化学品行业的安全生产管理，特别是风险管理及风险决策有所助益。

由于译者水平有限，译著难免有错误和不妥之处，恳请读者指正。

目录

表格清单

插图清单<<<

缩略语<<<

ACC ——American Chemistry Council 美国化学品协会

ACGIH ——American Conference of Governmental Industrial Hygienists 美国政府工业卫生专家会议

AEGL ——Ambient Air Exposure Guidelines 急性暴露指南水平

AIChE ——American Institute of Chemical Engineers 美国化学工程师协会

AIT ——Auto Ignition Temperature 自燃温度

API ——American Petroleum Institute 美国石油学会

ASME ——American Society of Mechanical Engineers 美国机械工程师学会

BLEVE ——Boiling Liquid Expanding Vapor Explosion 沸腾液体膨胀蒸气云爆炸

BMS ——Burner Management System 燃烧器管理系统

CCA ——Cause Consequence Analysis 原因-后果分析

CEI ——Chemical Exposure Index (Dow Chemical)化学品暴露指数(道化学)

CFR ——Code of Federal Registry 美国联邦法规

CMA ——Chemical Manufacturers Association 美国化学品制造商协会

CSB ——US Chemical Safety and Hazard Investigation Board 美国化学品安全与危害调查委员会

CCPS ——Center for Chemical Process Safety 化工过程安全中心

CCR ——Continuous Catalyst Regeneration 催化剂连续再生

COO ——Conduct of Operations 操作准则

CPI ——Chemical Process Industries 化工过程工业

DCU ——Delayed Coker Unit 延迟焦化单元

DDT ——Deflagration to Detonation Transition 爆燃转爆轰

DIERS ——Design Institute for Emergency Relief Systems 紧急泄放系统设计研究院(美国化学工程师协会)

ERS ——Emergency Relief System 紧急泄放系统

ERPG ——Emergency Response Planning Guidelines 应急响应计划指南

EPA ——US Environmental Protection Agency 美国环境保护署

FCCU ——Fluidized Catalytic Cracking Unit 流化催化裂化单元

F&EI ——Fire and Explosion Index (Dow Chemical)火灾爆炸指数(道化学)

FMEA ——Failure Modes and Effect Analysis 失效模式和影响分析

HAZMAT ——Hazardous Materials 有害物质

HAZOP ——Hazard and Operability Study 危险与可操作性分析
HIRA ——Hazard Identification and Risk Analysis 危害识别与风险分析
HTHA ——High Temperature Hydrogen Attack 高温氢腐蚀
HRA ——Human Reliability Analysis 人因可靠性分析
HSE ——Health & Safety Executive（UK）英国健康与安全执行局
I&E ——Instrument and Electrical 仪表及电气
IDLH ——Immediately Dangerous to Life and Health 直接致害浓度
ISD ——Inherently Safer Design 本质更安全设计
IPL ——Independent Protection Layer 独立保护层
ISO ——International Organization for Standardization 国际标准化组织
ISOM ——Isomerization Unit 异构化单元
ITPM ——Inspection Testing and Preventive Maintenance 检查、测试与预防性维修
LFL ——Lower Flammable Limit 燃烧下限
LNG ——Liquefied Natural Gas 液化天然气
LOPA ——Layer of Protection Analysis 保护层分析
LOTO ——Lock Out Tag Out 上锁挂牌
LPG ——Liquefied Petroleum Gas 液化石油气
MAIT ——Maximum Auto Ignition Temperature 最高自燃温度
MAWP ——Maximum Allowable Working Pressure 最大允许工作压力
MCC ——Motor Control Center 电机控制中心
MEC ——Minimum Explosible Concentration 爆炸下限浓度
MIE ——Minimum Ignition Energy 最小点火能
MOC ——Management of Change 变更管理
MOOC ——Management of Organizational Change 组织变更管理
MSDS ——Material Safety Data Sheet 物质安全数据表
NASA ——National Aeronautics and Space Administration 美国航空航天局
NDT ——Non-Destructive Testing 无损检测
NFPA ——National Fire Protection Association 美国国家消防协会
NPV ——Net Present Value 净现值
OCM ——Organizational Change Management 组织变更管理
OIMS ——Operational Integrity Management System（ExxonMobil）运营完整性管理体系（埃克森美孚）
OSHA ——US Occupational Safety and Health Administration 美国职业安全与健康管理局
PHA ——Process Hazard Analysis 过程危害分析
PLC ——Programmable Logic Controllers 可编程逻辑控制器
PRA ——Probabilistic Risk Assessment 概率风险评估

PRD ——Pressure Relief Device 泄压装置
PRV ——Pressure Relief Valve 泄压阀
PSB ——Process Safety Beacon 过程安全警示灯
PSE ——Process Safety Event 过程安全事件
PSI ——Process Safety Information 过程安全信息
PSI ——Process Safety Incident 过程安全事件
PSM ——Process Safety Management 过程安全管理
PSO ——Process Safety Officer 过程安全管理人员
PSSR ——Pre-Startup Safety Review 开车前安全审查
QRA ——Quantitative Risk Analysis 定量风险分析
RBPS ——Risk Based Process Safety 基于风险的过程安全
RAGAGEP ——Recognized and Generally Accepted Good Engineering Practice 公认并被广泛接受的良好工程实践
RMP ——Risk Management Plan 风险管理计划
SACHE ——Safety and Chemical Engineering Education 安全与化学工程教育
SCAI ——Safety Controls Alarms and Interlocks 安全控制报警和联锁
SHE ——Safety, Health and Environmental 安全、健康和环境
SHIB ——Safety Hazard Information Bulletin 安全危害信息公告
SIS ——Safety Instrumented Systems 安全仪表系统
SME ——Subject Matter Expert 行业专家
TQ ——Threshold Quantity 阈值
UFL ——Upper Flammable Limit 燃烧上限
UK ——United Kingdom 英国
US ——United States 美利坚合众国
UST ——Underground Storage Tank 地下储罐

致谢

化工过程安全中心(CCPS)感谢《精准风险决策指南》小组委员会所有成员在本书编写过程中提供的技术指导，也十分感谢技术指导委员会成员为本书提供的宝贵建议与大力支持。

小组委员会的联席主席是 Nova 化学公司(Nova Chemicals)的 Fred Henselwood 和路博润(Lubrizol)公司的 Jeff Stawicki。CCPS 的员工顾问是 David Belonger。

小组委员会内做出关键贡献的成员

Christopher Buehler	Exponent
Sorin Dan	Nova Chemicals
Elizabeth Lutostansky	Air Products
Robin Pitblado	DNV GL(现已退休)
Martin Timm	Praxair
Florine Vincik	BASF

同时，感谢以下成员为本书编写工作做出的重要贡献：

Seshu Dharavaram[科迪华农业科技(Corteva)]、Derek Miller[空气产品公司(Air Products)]、John Traynor[赢创工业(Evonik)]、Eric Peterson[MMI 工程公司(MMI Engineering)]。

得益于小组委员会成员以及上述人员丰富的行业经验与专业知识，本书为工程师开发和管理过程安全程序与管理体系提供了宝贵的参考，有助于其明确创建、维护这些体系所需的能力素质。

本书编委会特此感谢 CCPS 的 Albert Ness 对本书编写出版所做出的贡献。

在出版前，CCPS 的所有书籍均会经过严格的同行评审过程。CCPS 衷心感谢同行评审人员在此过程中提出的宝贵意见和建议，为提高该等指南的准确性和明确性做出努力。

同行评审专家

Anne Bartelsman	Marathon Petroleum
Denise Chastain-Knight	Exida

Palaniappan Chidambaram	DuPont
Christopher F. Conlan	National Grid
Georges Melham	ioMosaic

本书汲取了上述同行评审人员提供的诸多建设性意见和建议，但并未要求其对本书内容表示认可，且本书出版前并未向其出示最终完稿。

术语表

急性中毒——Acute Toxicity：单次剂量或接触某种物质后产生的有害(急性)影响。重要性：通常用于表示实验动物所受影响。

资产完好性——Asset integrity：过程安全管理(PSM)计划的一项要素，相关工作活动旨在确保设备设计合理、安装符合规范及其在整个生命周期内的适用性。也称为资产完整性和可靠性。

常压储罐——Atmospheric Storage Tank：可在环境压力至 0.5psig(3.45kPa 表压)下运行的一种储罐。

沸腾液体膨胀蒸气云爆炸(BLEVE)——Boiling－Liquid－Expanding－Vapor Explosion (BLEVE)：一种快速的相变过程，在此过程中，高于标准(常压)沸点的液体迅速泄压，近乎瞬间过渡到蒸气，并伴随相应的能量释放。由于外部火焰通常会冲击压力容器内的蒸气空间，因此可燃物质的 BLEVE 常伴有大型气溶胶火球。然而，BLEVE 并不限于可燃液体。

领结模型——Bow Tie Diagram：可用于风险管理的预防性和减缓性基本事件(屏障)的可视化图表。这些基本事件按照左侧的基本事件(威胁)、中间的顶上事件(意外事件/事故)和右侧的基本事件(后果)绘制而成，代表有害物质或能量通过这些基本事件流向顶上事件。左侧的基本事件(防护措施、保护层)旨在对危害/威胁作出主动应对，以预防顶上事件(危险事故)的发生；右侧的基本事件旨在减少顶上事件发生带来的后果。

检查表分析法——Checklist Analysis：一种危害评估流程，采用一份或多份预先编制的过程安全不安全因素检查项目清单，就现有防护措施是否充分展开团队讨论。

可燃粉尘——Combustible Dust：直径小于或等于 420μm(可通过美国第 40 号标准筛)的细颗粒固体物质，在空气或其他气态氧化剂中扩散和点燃后具有火灾或爆炸危险。

操作准则——Conduct of Operations(COO)：组织将价值观和原则融入所制定、实施和维护的管理体系中，旨在(1)以符合组织风险承受能力的方式构建运营任务，(2)确保以谨慎且正确的方式执行每项任务，(3)尽可能降低性能变异性。

后果——Consequence：损失事件的不良后果，通常以健康和安全影响、环境影响、财产损失和业务中断成本作为衡量指标。

后果分析——Consequence Analysis：对事故结果的预期影响分析，与频率或概率无关。

扩散模型——Dispersion Models：对释放到空气/水中的有毒/可燃物质运移情况进行表征的数学模型。

多米诺效应——Domino Effects：由初始事件(如爆炸)引发次生事件(如有毒物质释放)，从而导致事故后果或影响区面积的扩大。一般只在初始事件的结果显著升级时才会考虑。

应急响应计划指南——Emergency Response Planning Guidelines：由美国工业卫生协会

(AIHA)制定的关于有毒物质空气传播浓度的一系列指导原则。例如，ERPG-2 表示有毒物质在空气中的最大容许浓度，几乎所有个体暴露于低于该浓度的环境中长达 1h 均不会出现或产生不可逆转的或其他严重的、削弱个体采取防护措施能力的健康影响或症状。

事件树分析法——Event Tree Analysis：按照事件潜在事故结果发生的时间顺序对初始事件发展情况进行建模的一种方法。事件以树形图表示，树枝的绘制从起始原因到独立保护层的成功与否作为分支。

爆炸——Explosion：引起压力突变或冲击波的能量释放。

失效模式和影响分析法——Failure Mode and Effects Analysis：一种危害识别方法，依次分析系统组件或功能的所有已知失效模式，并记录危害后果。

故障树分析法——Fault Tree Analysis：对给定事件的故障逻辑进行图解分析，识别各种故障场景(称为割集)，并支持对事件发生频率进行概率估计的一种方法。

***F-N* 曲线**——*F-N* Curve：累积频率与后果的关系图(常以死亡人数表示)。

易燃液体——Flammable Liquids：根据 NFPA 30《易燃可燃液体标准》规定的测试程序测定闭杯闪点低于 100℉(37.8℃)的任何液体，以及根据 ASTM D 323《石油产品蒸气压测定法(雷德法)》测定在 100℉(37.8℃)时雷德蒸气压不超过 40psia(2068.6mmHg)的任何液体。IA 类液体包括闪点低于 73℉(22.8℃)和沸点低于 100℉(37.8℃)的液体。IB 类液体包括闪点低于 73℉(22.8℃)、沸点在 100℉(37.8℃)或以上的液体。IC 类液体包括闪点在 73℉(22.8℃)以上，但低于 100℉(37.8℃)(NFPA 30)的液体。

频率——Frequency：单位时间内某一事件发生的次数(例如，1000 年中发生 1 次事件=1×10^{-3}次/年)。

频率模型——Frequency Modeling：对事件发生的可能性进行数值估计。

危害——Hazard：一种固有的化学或物理特性，具有造成人员伤害、财产损失或环境破坏的潜在风险。

危害分析——Hazard Analysis：识别导致危害发生的意外事件，分析可能导致这些意外事件发生的机制，通常还包括对后果的估计。

危险与可操作性分析(HAZOP)——Hazard and Operability Study (HAZOP)：利用一系列引导词研究过程偏差，以识别过程危害和潜在操作性问题的一种系统化定性方法。HAZOP 方法用于分析工艺的每个环节，以识别可能偏离设计意图的偏差情况，以及与这些偏差相关的原因和后果。该方法要求系统性地应用适当的引导词。这是一种系统性的详细审查方法，适用于间歇性和连续性生产工厂，可用于识别新旧过程中的危害。

危害识别——Hazard Identification：对因事故发生而可能产生不良后果的物料、系统、工艺和工厂特性进行清查。

危害识别与风险分析(HIRA)——Hazard Identification and Risk Analysis (HIRA)：在设备全生命周期内，对其进行危害识别和风险评估的所有活动的统称，该活动旨在确保其对员工、公众或环境造成的风险始终控制在组织的风险承受能力范围内。

动火作业——Hot Work：任何使用火焰或可能产生火花的操作(如焊接)。

严重度——Impact：对损失事件的最终损失和损害程度的衡量指标。严重度可用伤亡人数、环境破坏程度、损失规模（如财产损失、物资损失、生产损失、市场份额损失和恢复成本）等表示。

惰化——Inertion：通过添加惰性气体或不可燃粉尘，将可燃混合物转化为不可燃混合物的一种方法。

事故——Incident：造成一种或多种不良后果的单一事件或一系列事件，例如人员伤害、环境破坏或资产/业务损失。此类事件包括火灾、爆炸、有毒或其他有害物质释放等。

独立保护层（IPL）——Independent Protection Layer（IPL）：在不受初始事件或相关场景任何其他保护层运作的不利影响的情况下，能够防止风险场景发展为不良后果的某种设备、系统或行动。如果保护层的设计和管理能够实现以下七个核心属性，包括独立性、功能性、完整性、可靠性、可验证、可维护和审计、可安全访问以及受变更管理控制，则该保护层可视为独立保护层。

个人风险——Individual Risk：处于危害附近的人员面临的风险。这包括对个体伤害的性质、伤害发生的可能性以及可能发生伤害的时间段。

本质安全——Inherent Safety：与过程中使用的物质和操作相关的危害已经减少或消除，并且这种减少或消除是永久性的，与过程密不可分。本书所述“本质更安全技术”（IST）与“本质安全”可互换使用。

本质更安全设计——Inherently Safer Design：一种关于化工过程和工厂设计的思维方式，重点在于消除或减少危害，而非管理和控制危害。

联锁——Interlock：由超出限制的工艺条件触发的一种防护装置。该装置要求工艺的某一部分必须在另一部分正常运行的情况下才能工作。这是一种类似开关的装置，能够在发生危害的情况下阻止设备运行。该装置通过物理干涉将两个部件紧密结合在一起，仅通过物理力保持彼此刚性连接。此外，它还能证明所需条件的物理状态，并将此证明提供给主要安全控制电路。

保护层分析（LOPA）——Layer of Protection Analysis（LOPA）：一种每次分析一种事故情景（原因-后果对）的方法，该方法使用预设的初始事件频率、独立保护层失效概率和后果严重程度，将事故情景的风险评估值与风险标准进行比较，从而确定在哪些方面需要进一步降低风险或进行更详细的分析。事故情景通常使用基于情景的危害评估程序（如 HAZOP 分析）等其他方法确定。

可能性——Likelihood：对某一事件预计发生概率或频率的衡量指标。可以表示为事件发生频率（如每年发生的事件次数）、在一定时间段内发生的概率（如每年发生的概率）或条件概率（如已经发生前兆事件的情况下事件发生的概率）。

变更管理（MOC）——Management of Change（MOC）：在实施设备、程序、原材料和加工条件变更（“同类替换”除外）前，确保对所有变更进行确认、审查和批准的系统。

管理体系——Management System：正式确定的一系列活动，旨在以持续一致的方式产出特定成果。

机械完好性——Mechanical Integrity：为确保设备的设计、安装和维护方式能够实现预期功能的一种管理体系。

未遂事件——Near-Miss：如果条件发生改变或不加以控制，可能会造成伤害或损失，但实际并未造成伤害或损失的一连串意外事件。

场外对象——Off-Site Population：位于现场地界线以外的、可能受到现场事故影响的人员、财产或环境。

操作规程——Operating Procedures：就设备操作提供分步骤书面指导和说明的一整套文件，包括操作说明书、工艺说明、操作限值、化学品危害和安全设备要求。

组织变更——Organizational Change：组织内任何职位或职责的变更，或任何影响过程安全的组织政策或程序的变更。

组织变更管理(OCM)——Organizational Change Management(OCM)：对公司(或其下属单位)结构或组织所提出变更进行审查的一种方法，旨在确定相关变更是否会对员工或承包商的健康和安全、环境或周边居民构成威胁。

OSHA 过程安全管理(OSHA PSM)——OSHA Process Safety Management(OSHA PSM)：美国的一项监管标准，要求使用 14 要素管理体系，以防止或减轻 49 CFR 1910. 119 法规管控的化工过程中化学品或能量释放的灾难性影响。

开车前安全审查(PSSR)——Pre-Startup Safety Review(PSSR)：在工艺中引入高危化学品之前对工艺进行系统、全面的检查。PSSR 必须确认以下内容：建筑和设备是否符合设计规范；是否已建立并充分落实安全、操作、维护和应急相关规程；是否对新设备进行了过程危害分析并提出相关建议，是否已在起动前采纳或实施这些建议，以及改造后的设备是否符合变更管理要求；参与工艺操作的所有员工是否已完成培训。

预防性维修——Preventive Maintenance：通过制订定期检查和维修计划，降低非计划停车的频率和严重程度的维护方式。

概率单位——Probit：均值为 5、方差为 1 的随机变量，用于各种效应模型。基于实验剂量-反应数据的 Probit 模型，常用于估计暴露于有害物质或条件(如暴露于有毒大气或热辐射)的强度和持续时间可能导致的健康效应。

过程危害分析——Process Hazard Analysis：以系统性的方式识别并评估与过程和操作相关的危害，以对其进行妥善控制。这种方法通常涉及使用定性方法识别和评估危害的严重性，然后得出结论并提出适当的建议。少数情况下也会使用定量方法，以便确定降低风险的优先级。

过程知识管理——Process Knowledge Management：过程安全管理(PSM)计划的一项要素，相关工作活动包括收集、整理、维护信息以及向其他 PSM 计划要素提供信息。过程安全知识主要包括一系列书面文件，如危害信息、工艺技术信息和特定设备信息。过程安全知识是该 PSM 要素的产物。

过程安全文化——Process Safety Culture：某一工厂或整个组织中涉及过程安全的各管理级别共同的价值观、行为和规范。

过程安全事故/事件——Process Safety Incident/Event：可能导致灾难性事故的事件，即涉及有害物质释放/泄漏，可能导致大规模健康和环境后果的事件。

过程安全信息(PSI)——Process Safety Information(PSI)：与化学品、工艺和设备有关的物理、化学和毒理学信息。用于记录过程的配置、特性和限制条件，相关数据可用于过程危害分析。

过程安全管理(PSM)——Process Safety Management(PSM)：一种管理体系，旨在预防工厂相关工艺过程中化学品或能量的灾难性泄漏并采取相应的预防、准备、减轻、响应和恢复措施。

过程安全管理体系——Process Safety Management Systems：一套全面的政策、规程和实践，旨在确保建立并使用预防偶发事故的安全屏障及其有效性。

定性风险分析——Qualitative Risk Analysis：主要基于历史经验和工程判断进行描述和比较，少数情况下可能需对危害、后果、可能性或风险程度进行量化。

定量风险分析(QRA)——Quantitative Risk Analysis(QRA)：利用工程评估和数学方法，对与工厂或操作相关的潜在事故的预计发生频率及严重程度进行系统的数值估计。

反应性化学品——Reactive Chemical：在空气中无点火源即可迅速发生氧化(自燃或形成过氧化物)、引发或促进其他物质燃烧(氧化剂)、与水反应或自发反应(聚合、分解或重新排列)，从而造成化学反应危害的某种物质。这种反应可能是自发反应，也可能通过热能或机械能等能量输入，或通过催化作用提高反应速率引发反应。

公认并被广泛接受的良好工程实践(RAGAGEP)——Recognized and Generally Accepted Good Engineering Practice(RAGAGEP)：OSHA 最初使用这一术语，表示在设计、操作和维护化工设备时选择和应用适当的工程、操作和维护知识，以确保过程安全，防止过程安全事故。RAGAGEP 基于对相关内部和外部标准、适用规范、技术报告、指导或建议实践等文件的评估和分析，根据工程知识和行业经验实施工程、操作或维护活动。RAGAGEP 可从单个或多个来源获得，且由于各工厂的工艺、材料、服务等工程考量因素各不相同，RAGAGEP 也存在差异。

责任关怀©——Responsible Care©：美国化学品制造商协会(CMA)于 1988 年实施的一项倡议，旨在协助引导化学加工行业各企业在遵守十项关键原则的同时，以合乎道德的方式为社会、经济和环境创造更多效益。

风险——Risk：对人员伤亡、环境破坏或经济损失的一种衡量指标，涉及事故发生的可能性和损失或伤害的严重程度两个方面。为进行简化，可将风险表示为事故发生的可能性与后果的乘积(即风险=后果×可能性)。

风险等值线——Risk Contour：连接设施周围同等风险点的线条("等风险"线)。

风险管理计划(RMP)法案——Risk Management Program (RMP) Rule：美国环境保护署(EPA)就预防泄漏事故制定的法案，要求受控工厂制订、提交并实施风险管理计划。

风险矩阵——Risk Matrix：以表格形式列出可接受风险标准的一种方法，通常用 Y 轴表示事故发生可能性的刻度值，用 X 轴表示事故后果的刻度值。表格中的每个单元格(事故发生可能性和事故后果的交叉值)代表某种特定的风险水平。

基于风险的过程安全(RBPS)——Risk-Based Process Safety(RBPS)：化工过程安全中心(CCPS)的过程安全管理(PSM)系统方法，在设计、纠正和改进过程安全管理活动时采用基于风险的、与基于风险的过程安全活动需求、资源可用性和现有过程安全文化相适应的策略和实施方法。

可接受风险——Risk Tolerance：个人或组织为获取特定技术过程或活动的利益而接受的该过程或活动的最大风险水平。

可接受风险标准——Risk Tolerance Criteria：预先确定的风险衡量指标，用于确定是否需进一步降低风险。

失控反应——Runaway Reactions：一种热不稳定反应体系，其反应速度不受控制地加快，导致温度和压力迅速升高。

安全仪表功能(SIF)——Safety Instrumented Functions (SIF)：由传感器、逻辑服务器和最终控制元件组成的系统，目的是在不符合预定条件时确保过程处于安全状态。

安全仪表系统(SIS)——Safety Instrumented System (SIS)：传感器、逻辑求解器、最终元件和支持系统的独立组合，其设计和管理旨在实现指定的安全完整性级别。SIS 可实现一个或多个安全仪表功能(SIF)。

安全屏障或防护措施——Safeguards or Protective Features：在初始事件发生后可以中断事件链或减轻后果的任何装置、系统或行动。防护措施可以是工程系统，也可以是行政控制措施。并非所有防护措施都可作为独立保护层(IPL)。

事故情景——Scenario：对导致损失事件的意外事件或事故序列及其相关严重度的详细描述，包括事故序列中相关防护措施的运作(有效或失效)情况。

半定量风险分析——Semi-Quantitative Risk Analysis：对后果、可能性和/或风险等级进行一定量化的风险分析方法。

社会风险——Societal Risk：对某一群体所面临风险的衡量指标。通常用多重伤亡事件的频率分布来表示。

标准——Standards："合规性"是过程安全管理计划的一项要素，有助于识别、开发、获取、评估、传达并推行影响工厂的适用标准、规范、法规和法律或适用于工厂的过程安全要求。一般而言，标准也指由监管机构、专业或行业组织、企业或其他团体颁布的适用于设计和实施管理体系、设计和操作工艺设备等活动的各项要求。

阈值(TLV)——Threshold Limit Value (TLV)：美国政府工业卫生专家会议(ACGIH)建议的长期接触的最高接触浓度。

时间加权平均阈值(TLV-TWA)——Threshold Limit Value-Time-Weighted Average (TLV-TWA)：由美国政府工业卫生专家会议(ACGIH)制定的，按照正常 8h 工作日和 40h 工作周规定的时间加权平均浓度限值，在此限值下，几乎所有工作人员每天反复接触该浓度均不会产生不良反应。

毒性——Toxicity：一种物质有毒和/或该物质进入生物体后可能在化学上产生有害或致命影响的性质、程度或状态。

前言<<<

在墨西哥城(Mexico City)和印度博帕尔(Bhopal)发生化学事故后，美国化学工程师协会(AIChE)于1985年创建化工过程安全中心(CCPS)。CCPS的使命是开发与普及专业技术知识，助力预防发生重大化学事故。该中心现已获得200多家化工过程工业(CPI)赞助商的支持，这些赞助商为CCPS技术委员会提供必要的资助和专业指导。迄今为止，CCPS已取得诸多工作成果，包括在该领域开发出一系列指南，以协助实施过程安全和风险管理体系的各个要素。本书即该系列指南的一部分。

50多年来，美国化学工程师协会始终密切关注化工及相关行业的过程安全与风险控制问题。通过与工艺设计师、施工人员、操作人员、安全专业人员和学术界人士的深入合作，美国化学工程师协会促进了行业间的沟通交流，并推动了行业高安全标准的持续改进。美国化学工程师协会的出版物和研讨会已成为重要的信息获取渠道，可为致力于推动化工过程安全与环境保护的人士提供参考。

CCPS致力于推动将过程安全知识纳入工程教育课程。为实现这一目标，CCPS创建了安全与化学工程教育(SACHE)委员会，负责开发过程安全培训模块。现已出版一本有关过程安全技术的学生教材，但目前仍缺乏过程安全管理概念以及过程安全必要性方面的相关教材。为此，CCPS技术指导委员会启动了本书的编写工作，以协助各学院和高校编写教材，并推动化学工程专业将过程安全纳入化学工程课程，以满足最新的认证要求。

1 引言

1.1 过程安全管理方法的由来

至20世纪80年代，全球各地发生了一系列严重的工业事故，诸如1974年英国弗利克斯伯勒(Flixborough)的Nypro工厂爆炸、1976年意大利塞维索(Seveso)的二噁英泄漏、1976年英国北海的Piper Alpha石油平台爆炸、1984年墨西哥城(Mexico City)的液化石油气(LPG)沸腾液体扩展蒸气云爆炸(BLEVE)和同年的印度博帕尔(Bhopal)的甲基异氰酸酯泄漏等。这些事故推动了全球范围内许多过程安全相关法规的制定和发布，例如：

- 欧盟Seveso指令(Seveso Ⅰ，1976；Seveso Ⅱ，1997；Seveso Ⅲ，2012)；
- 美国职业安全与健康管理局(OSHA)过程安全管理(PSM)规则，1992；
- 英国近海设施(安全案例)法规，1992；
- 美国环境保护署(EPA)风险管理计划(RMP)规则，1997；
- 墨西哥综合安全与环境管理体系(SISPA)，1998；
- 英国重大事故危害控制(COMAH)法规，1999(COMAH法规是Seveso指令在英国落实的版本)；
- 加拿大环境保护法，1999；
- 中国国务院令第591号：危险化学品安全管理条例，2011。

其中部分法规普遍存在应用范围局限的问题。例如，美国职业安全与健康管理局的PSM规则和英国COMAH法规均列出了受管控的化学品及对应阈值量，但对于未受管控的化工过程，企业可能会选择忽视这些监管体系的某些要求。PSM规则豁免了对常压储罐的监管要求，但此类储罐曾发生过非常严重的事故，例如2005年英国邦斯菲尔德(Buncefield)和2009年波多黎各加勒比石油公司(CAPECO)的两起爆炸事故，均与常压储罐的冒罐有关。

为响应上述法规要求和公众的关切，许多第三方组织也制定了过程安全指南。在美国，美国石油学会(API)于1990年出版了《过程危害管理》(*Management of Process Hazards*，API 750)。为深刻吸取印度博帕尔事故的教训，化工过程安全中心(CCPS)于1985年成立，并于1994年出版了《过程安全管理体系实施指南》(*Guidelines for Implementing Process Safety Management Systems*，CCPS 1994)，纳入15项过程安全管理体系要素；2007年，CCPS推出《基于风险的过程安全》(*Guidelines for Risk Based Process Safety*，CCPS 2007)，将过程安全管理体系要素扩增为 20 项。在加拿大，加拿大化学工业协会(CIAC，原加拿大化学生产商协会)结合自身管理体系要素制定了责任关怀®安全规范(Topalovic 和 Krantzberg，2014)，并于 2010 年进行了更新。

除此之外，其他第三方组织也针对过程安全问题制定了相关规范或指导文件，这些组织包括但不限于：

- 国际石油天然气生产商协会(https：//www. iogp. org/oil-and-gas-safety/process-safety/)；
- 美国石油学会(www. api. org)(https：//www. api. org/news-policy-and-issues/safety-and-systemintegrity)；
- 能源学会(https：//publishing. energyinst. org/topics/process-safety)；
- 有机化学品制造商协会(http：//www. socma. com/ChemStewards)。

目前，CCPS 在全球各大洲(南极洲除外)的国家/地区拥有超过 200 家成员企业。责任关怀®安全规范已被美国化学品协会(ACC，原美国化学品制造商协会)及其他 50 多个国家/地区采纳。这些安全规范囊括了基于行业经验的各项要素，并纳入了彼时过程安全专家所建议的过程安全管理(PSM)关键要素。随着 CCPS 与责任关怀®在全球范围内的推广，这些规范现已在国际社会上得到广泛认可。

1.2 基于风险的过程安全管理范式

1.2.1 基于风险的过程安全(RBPS)管理

尽管前述法规与标准在改善过程安全方面行之有效，但诸多公司仍面临多重挑战，其中包括“管理体系运转欠佳、资源紧张以及过程安全管理措施落实不到位”等问题(CCPS 2005，p. ii)。

企业倾向于采用基于标准、基于法规或基于持续改进的管理体系模式，或在一定程度上采用几种模式相结合的方法。但这些方法的局限性在于：

- 标准和法规无法全面囊括所有情况；
- 标准和法规可能仅代表控制风险的最低要求；
- 如果企业仅关注“滞后指标”(如人员伤亡的事故)，则采用基于持续改进的管理体系模式可能远远不够，原因在于此类事故很少发生(希望如此)。

> 采用关注“先行指标”的模式有助于实现持续改进。如需获取相关指导，读者可参阅 CCPS 文件《过程安全的先导和滞后指标，无法量化就无法改进(第 2 版)》(美国化学工程师协会(AIChE)行业技术联盟，2011 年 1 月)。(https：//www. aiche. org/ccps/resources/tools/process-safetymetrics/references/Guidance-Documents)

在 21 世纪初，CCPS 制定并出版了《基于风险的过程安全》(CCPS 2007)，将过程安全管理提升至新的水平。此前制定的一系列规范和法规主要以危害为基础，即定义受控化工过程(通常基于受控化学品的阈值)，并就危害控制的有效性做出规定。而基于风险的过程安全管理(PSM)方法指出，不同危害带来的后果各不相同，并强调为过程安全管理投入的资源应当与特定操作的危害程度及风险水平相适应。此外，RBPS 还对过程安全管理要素做出了适当补充。表 1.1 对比了 RBPS 管理要素，原 CCPS PSM 管理要素以及责任关怀®安全规范实践。由于篇幅所限，此处未详尽列举其他国际法规和第三方规范的所有要素，但其部分要素与表 1.1 所列均有相似之处。

表 1.1　RBPS 管理要素与原 CCPS PSM 管理要素以及责任关怀®安全规范实践的比较

RBPS 2005	CCPS 1994	责任关怀®2010
过程安全文化	责任	领导力与文化
标准符合性	目的和目标	责任
过程安全能力	标准、规范和法律	知识、专业技能和培训
人员参与	过程安全知识的强化	信息共享
与利益相关方沟通	过程知识和存档	过程安全风险的认识和优先级排序
过程知识管理	基建项目评审和设计程序	综合性过程安全管理体系
危害识别与风险评估	过程风险管理	绩效监测和提升
操作程序	培训与绩效	
安全作业规程	人为因素	
资产完好性和可靠性	工艺和设备完好性	
承包商管理	变更管理	
培训和绩效保证	事故调查	
变更管理	审计和整改措施	
操作准备		
操作准则		
应急管理		
事故调查		
测量和指标		
审计		
管理评审及持续改进		

除遵守法规、规范和标准以及良好的工程实践外，采用基于风险的方法还意味着关于过程安全的决策(例如就所需风险降低程度或者工艺方案、安全控制措施以及停车系统等作出决策)已成为基于风险的决策。此类决策明确考虑潜在后果及可能性，而非仅关注如何控制危害(同时还须遵守适用法规的规定)，无论组织能否意识到这一点。以下是关于危害、后果、可能性及风险的定义：

- **危害**：指物质本身所固有的化学或物理特性，这些特性可能导致人员伤害、财产损失或环境破坏。
- **后果**：指某一损失事件引发的不良结果，通常以健康和安全影响、环境影响、财产损失和业务中断成本作为衡量指标。

- **可能性：** 对某一事件预计发生概率或频率的衡量指标。可以表示为事件发生频率（如每年发生的事件次数）、某一时间段内事件发生的概率（如每年发生概率）或条件概率（如发生前兆事件后的发生概率）。
- **风险：** 对人身伤害、环境破坏或经济损失的衡量指标，涉及事故发生的可能性以及损失或伤害的严重程度两个方面。风险可简单表示为事故发生的可能性和后果的乘积（即风险 = 后果×可能性）。

1995 年，CCPS 出版了《精准风险决策工具及化工过程安全领域的应用》（*Tools for Making Acute Risk Decision with Chemical Process Safety Applications*）一书（CCPS 1995），其中重点介绍了各种决策辅助工具，如投票、加权评分及成本效益分析等较复杂的方法。这本书主要适用于决策者和风险分析师，书中介绍的部分工具涉及复杂数学知识。

1995 年出版的这本书提及的"决策工具"意指决策辅助工具，而"决策工具"一词是指用于评估多种备选决策方案的风险分析工具。本书标题为具有实操性的《精准风险决策指南》（*Guide for Making Acute Risk Decisions*），因此并非风险决策类书籍的更新再版，而是一本配套书籍，故书名有所变更。本书旨在为一般决策过程提供指导，并介绍如何运用常见且切实有效的风险评估和分析工具分析各种备选决策方案。本书适用于负责分析备选方案的决策团队，以及负责制定过程安全风险决策的相关人员，包括设计和运营工厂的工程师，从事工艺过程研究的化学家及工程师，健康、安全和环境（HSE）专业人员，工厂和工程经理以及业务经理。

1.2.2 风险决策的要求

相称原则： 对于基于风险的过程安全与决策，首先需明确一点，即与危害相关的各种风险，其后果并非一律等同。尽管应对所有风险加以控制，但组织必须确保高效、准确地分配资源。这要求全面识别所有过程的危害，了解其潜在影响，以便配置适当资源，对风险予以充分控制。例如，对于已熟知的危害和风险，采纳公认标准的建议或制定内部设计与操作标准均为有效的控制方法。而对于复杂且理解尚浅的危害，可能需要跨学科团队对风险进行分析，并制定相应的防护措施。在实施 RBPS 管理的过程中，组织可以借助风险标准来确定所需的资源和防护措施级别。

目标权衡： 风险决策需避免片面孤立地考虑问题，且必须做出权衡取舍。过程安全风险决策涉及诸多考量因素，包括：投资和运营成本，资源可用性及配置方式，新建立的安全体系是否会增加复杂性（可能会增加维护成本和培训成本），时间限制，监管环境，与当地社区的关系，以及业务目标和需求等。因此，在制定风险决策时，往往需要考量上述多种乃至全部因素，如何进行权衡取舍至关重要。明确需做出决策的问题后，需要考虑如何兼顾其他目标。如第 3 章所述，选用合适的决策辅助工具有助于推进风险决策流程。

多利益相关方参与： 与利益相关方沟通是 RBPS 过程安全要素之一。利益相关方可能会直接或间接受到风险的影响，因此利益相关方的参与至关重要，包括可能对风险管理有效性决策产生影响的相关方。风险决策的利益相关方通常仅涉及组织的运营与维护等职能

部门，而不包括采购、供应链等职能部门。除简单决策以外，风险决策往往涉及多个利益相关方。此外，决策还可能对当地社区产生影响。与利益相关方共享信息有助于做出更加明智的最终决策，并与利益相关方建立信任。

不确定性： 本书通篇所推荐的风险决策方法，均尽可能采用最简洁的分析工具和决策辅助工具，仅在必要情况下涉及更复杂的工具。制定风险决策需要界定风险场景，并确定初始事件的发生频率与可能性、物质和/或能量释放的潜在后果，以及保护层失效概率等数据。上述所有因素均存在误差范围，可能会对决策造成影响。因此，决策者需明确识别数据中存在的不确定性，从而决定是否需要采用更复杂的分析工具，以及是否需要收集更准确的信息。

1.3 一种风险决策方法

风险决策流程有多种形式，相关研究文献对此已有诸多论述。本书介绍了一种风险决策流程，并结合前文所述 2005 年 CCPS 决策工具书中的决策流程以及《决策的艺术》(*Smart Choices*，Hammond、Kenney 和 Raiffa，1999) 一书中描述的决策流程。尽管这些流程的名称及步骤数量各不相同，但其中的关键要素基本一致。

本书所述风险决策流程包括以下步骤：

1. 定义问题；
2. 评估基线风险；
3. 确定备选方案；
4. 评估备选方案；
5. 制定决策。

在定义问题的阶段进行深入研究，有助于准确把握问题，并理解问题的复杂性。定义问题可以拆分为定义目标和约束条件两部分。优先思考目标，有助于对问题进行准确定义。明确决策目标和预期结果，可以为后续工作指明方向。

明智的决策取决于优质的备选方案。然而，组织往往仅考虑其惯用的备选方案。只有经过深入研究，团队才能够制定更多优质的备选方案。明确决策目标有助于组织确定更具创造性的备选方案。无法确定备选方案，便无法做出评估。

评估备选方案时，应首先使用已掌握的最简单的工具。正确定义问题和目标，制定优质的备选方案，并使用适当的工具对备选方案进行评估，有助于组织做出更加明智的决策。

决策辅助工具旨在应对决策的复杂性。制定简单决策可采用权衡利弊的方法，而涉及多方面权衡取舍的复杂决策，则需要使用更复杂的决策辅助工具，如加权评分法。

1.4 本书的路线图及各章节内容的关联

图 1.1 所示为本书的路线图。读者可以参考该路线图按需查阅任一话题。

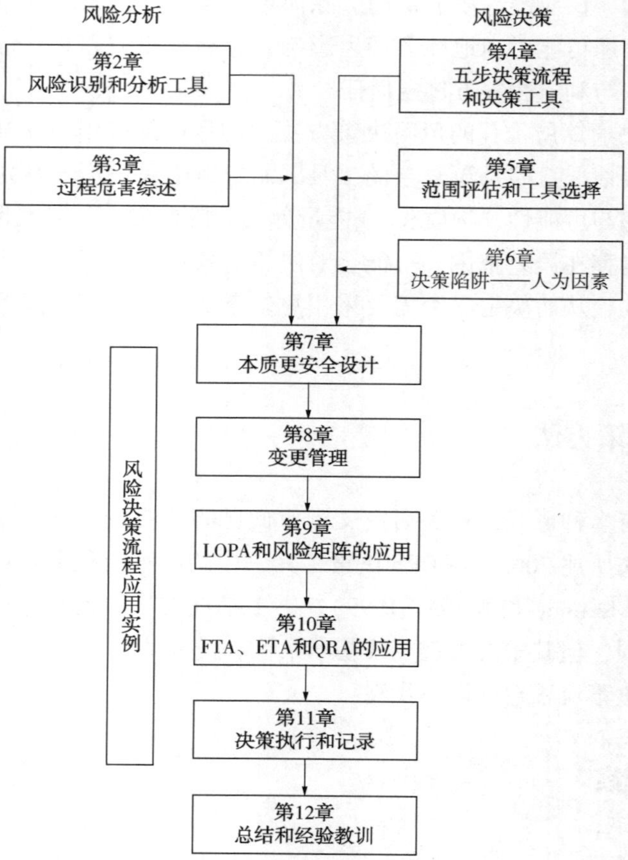

图 1.1　风险决策和风险管理的路线图

第 2 章和第 3 章简要概述了风险分析和过程危害的内容，适合非过程安全领域专家，但需要了解相关知识的读者阅读，过程安全领域的专家可以参考相关内容进行查漏补缺。

第 4 章、第 5 章、第 6 章均为必读章节：

- 第 4 章概述了决策流程和决策辅助工具；
- 第 5 章探讨了决策的复杂性和风险决策工具的选择；
- 第 6 章介绍了常见的决策陷阱。

对于已确定内部决策流程和工具的组织，第 4 章和第 5 章的内容有助于改进、完善或进一步规范决策流程。第 6 章“决策陷阱”概述了人类本身的主观性和缺点如何导致决策失误，是每位决策者(无论对风险决策的了解、掌握程度如何)的必读内容。

第 7 章~第 10 章举例说明了如何应用决策流程和各种决策工具，适合刚开始学习风险决策的读者阅读，同时也可以为化工过程安全行业专家提供有价值的参考。

第 11 章介绍了决策记录和实施的相关知识。正确记录和传播过程安全知识是 RBPS 的关键要素之一，除具备一定专业基础的过程安全行业专家以外，本章内容是所有读者的必读内容。

第 12 章举例说明了决策失误如何导致过程安全事故。这些案例反映了采用系统性方式进行风险决策的必要性。本章内容适合所有读者阅读。

1.5 过程生命周期中的风险决策

《化工过程全生命周期本质更安全策略》(*In Inherently Safer Chemical Process: A Life Cycle Approach*, CCPS 2009)一书将过程生命周期划分为以下几个阶段：

- 研究与开发；
- 工艺开发；
- 工艺设计；
- 运行、维护及变更管理；
- 退役与废弃。

过程安全生命周期早期阶段的决策耗时短、复杂性低，但这些决策可能对后续的生命周期阶段产生巨大影响。例如，化学家需要在两种化学反应溶剂之间做出选择，该决策过程仅涉及化学家这一个体。显然，从工艺工程师或过程安全行业专家的角度来看，闪点更高或毒性更低的溶剂(例如用水替代甲苯)是更优的选择，但化学家可能仅关注哪种溶剂最有利于进行化学反应(使用甲苯进行化学反应速度更快且选择性更高)。化学家的这一决策可能会给组织带来长期的风险管理成本。

在工艺开发阶段，变更上述决策的成本较低，但如果推迟至工艺设计阶段，溶剂的变更可能会导致工期延误。进入实际运行阶段后，变更的难度可能更大，并可能产生巨大成本。在后期阶段，由于牵涉到业务、运营及安全问题，决策将变得愈加复杂。

因此，对相关人员进行培训，帮助其理解过程安全问题并明确决策会在何时产生影响至关重要。人员培训是 RBPS 过程安全能力要素的目的之一。

1.6 优点与缺点

优点：如前所述，基于风险的方法不仅关注控制危害/遵守法规，同时也将可能性和后果纳入考量范围。基于风险的方法有助于更有效地分配资源。引入风险标准可以衡量风险降低幅度，并确保风险决策的一致性。

缺点：企业进行决策时，可能会使用过于复杂的风险分析工具，造成资源浪费。更严重的情况下，企业可能陷入“分析瘫痪”的困境，即过度分析问题，导致行动延误或搁置。此外，在向管理层和利益相关方说明风险情况，特别是高后果低概率(HCLP)事件的风险时，二者似乎更容易忽视低概率风险的存在。因此，为在决策过程中获得支持，需要确保组织尤其是领导层理解风险和基于风险的方法的基本原理。然而，部分利益相关方可能并不熟悉风险和风险分析的概念，并在理解风险承受能力方面存在疑问。

在处理 HCLP 事件时，企业可能会采用基于后果而非基于风险的方法。关于如何采用基于风险的方法处理 HCLP 事件，详见第 10. 3 节“*高后果-低概率(HCLP)事件*”。

1.7 总结

为了提升过程安全管理能力，CCPS 提出了基于风险的过程安全(RBPS)概念。RBPS 为过程安全管理提供了一种框架，强调基于过程风险采取必要措施。该方法不仅可满足标准和法规的要求，更突破了基于危害的方法的局限性。

1995 年出版的《精准风险决策工具及在化工过程安全领域的应用》一书旨在帮助作出最终决策，本书则着眼于整个决策流程。前者所述“决策工具”在本书中被称为“决策辅助工具”。本书探讨了风险管理的概念和过程，并介绍了五步决策流程法[该方法结合 1995 年《精准风险决策工具及在化工过程安全领域的应用》中所述的决策流程以及《决策的艺术》(Hammond、Kenney 和 Raiffa 1999)中所述的决策流程]，即定义问题、评估基线风险、确定备选方案、评估备选方案和制定决策。

此外，本书利用公开文献中描述的真实问题案例，就上述决策流程进行了详细说明，通过这些案例展示了风险矩阵、保护层分析、故障树分析、事件树分析、定量风险分析等各种定性和定量风险分析工具的应用情况。本书还简要介绍了风险标准的概念，以便读者了解如何将风险标准引入风险决策流程。

2 风险管理涉及的关键概念

2.1 风险管理流程

本章概述了风险管理流程。参考依据源自 ISO 31000《风险管理——原则与指南》(*Risk Management——Principles and Guideline*, ISO 2009),其中明确了风险评估流程的四个步骤:

1. 风险识别(也称为情景识别),即识别风险来源并确定其影响(ISO 2009,第 5.3 节)。
2. 风险分析,即确定风险发生的可能性和严重程度。
3. 风险评估,即将风险分析的结果与组织的可接受风险标准进行比较。
4. 风险处理,即制定风险降低方案。

上述步骤如图 2.1 所示。本章简要介绍了步骤 1~3。第 9 章和第 10 章详细介绍了步骤 2 和步骤 3。第 4 章介绍了步骤 4,即制定风险降低方案,第 7 章~第 10 章对此进行详细说明。第 2 章以及第 7 章~第 10 章的内容共同构成了基于风险的过程安全要素——危害识别与风险分析(HIRA)。

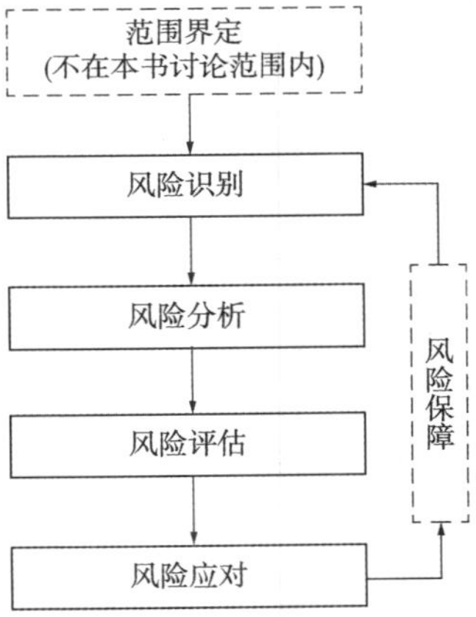

图 2.1 风险评估流程(依据 ISO 31000)

在执行任一步骤前,首先要界定风险研究的范围,这部分内容不在本书的讨论范围内。在完成风险管理研究并采取相关措施后,管理层需要确保在工厂运行过程中维持风险水平。尽管这也不在本书涵盖范围之内,但第 11 章"决策实施"探讨了完善的文件记录和重新验证的问题,这些内容有助于实现良好的风险保障。

2.2 风险识别——风险场景

过程安全风险场景是对导致损失事件及其相关影响的意外事件或事故序列的详细描述,其中包括事故序列中防护措施的运作(有效或失效)情况。

在理想情况下,所有风险场景都能在过程危害分析(PHA)(如检查表法、假设分析法、HAZOP 分析)中被识别出来。PHA 应当解决以下问题:

1. 存在哪些危害/可能出现哪些问题？
2. 严重程度如何(后果)？
3. 这种情况发生的可能性有多大(频率或可能性)？
4. 如何对后果和频率进行综合分析？危险事件会引发哪些风险(风险)？
5. 考虑到现有的保护层或风险控制措施，目前的风险水平是否可接受？
6. 如果不能，需要采取哪些措施来降低和管理风险，使其达到可接受的水平？

在美国的一些企业里，过程危害分析(PHA)已经特指为了遵守美国职业安全与健康管理局(OSHA)的过程安全管理(PSM)标准而开展的研究。在本书中，过程危害分析(PHA)适用于任何过程危害分析，无论其目的是否为满足法规要求。

然而，在现实情况中，PHA可能会忽视某些风险场景(PHA评估检查表见《重新验证过程危害分析》(*Revalidating Process Hazard Analysis*，CCPS 2001，p. 75-84)，且许多风险场景往往在发生未遂事件或事故后才能明确。因此，具有前瞻性的企业不仅致力于减少已发生的一系列事件带来的风险，而且会密切关注可能导致类似损失的其他潜在事件。此外，这些企业还会研究防护措施失效后，可能会引发哪些损失事件。

用于识别危害和风险场景的PHA方法多种多样。《危害评估程序指南(第3版)》(*Guidelines for Hazard Evaluation Procedures*, *3rd Edtion*，CCPS 2008)中介绍了以下几种方法：

假设分析：假设分析(又称假设/检查表分析)是一种集体讨论方法。与下述其他方法相比，假设分析法的结构较为松散，但通过集体讨论列出“假设”问题(例如，“冷却系统失效后该如何处理?”或“化学物质A添加过量该如何处理?”)，可以建立包含多种危害场景的表格。在假设分析中结合基于技术或过程经验的检查表分析方法，有助于提高假设分析的有效性。

危险与可操作性分析(HAZOP)：HAZOP也可以称为结构化的集体讨论方法。HAZOP通过将引导词施加到工艺参数上，引出工艺偏差(例如冷却不足、压力过高或化学物质A过量)，从而对工艺进行系统性审查，然后由审查团队列出原因、后果、防护措施，并在必要时就降低风险提出建议。HAZOP中的每个原因-后果对均构成一种危害场景。HAZOP通常与第2.3.3节中所述的风险矩阵结合使用，以便对风险进行定性评估。

失效模式和影响分析(FMEA)：使用FMEA方法时，需要制定一份设备项目清单，并就每个项目创建设备描述，即设备类型、操作配置、使用特性[例如“7.62cm(3in)硫酸管线中的常开型电动阀”]，然后由团队列出所有失效模式及其影响、防护措施，并在必要时就降低风险提出建议。每个“失效模式-影响”组合构成一对“原因-后果”。FMEA通常也会与风险矩阵结合使用，以便对风险进行定性评估。

2.3 风险分析——后果与频率

在过程安全领域，风险是对人身伤害、环境破坏或经济损失的衡量指标，涉及事故发生的可能性以及损失或伤害的严重程度两个方面。为进行简化，可将风险简单表示为风险场景的可能性与后果的乘积，即风险=后果×可能性。风险分析需要确定相关后果，并评估或计算该后果发生的频率或可能性。本节内容阐述了风险分析的相关步骤。

2.3.1 后果及影响

在风险场景定义中，“损失事件”是指发生某一事件的后果或影响。定义损失事件及其后果是 PHA 流程的第 2 步。损失事件有以下几种定义方式：

- 有害物质或能量的泄漏，如一定量有毒物质的泄漏或压力容器的破裂。
- 泄漏可能造成的结果，如火灾、爆炸超压或有毒物质接触。
- 损失事件的最终影响，如人员伤亡情况。

根据以上任一结果均可建立*基于后果的衡量标准*。针对这些不良后果或影响，可以通过借鉴历史事件的经验、使用计算方法等方式对其严重程度进行分级。

在 PHA 中，通常使用经验和工程判断对后果进行评估，有时也会使用简单的模型进行一定补充。

2.3.2 频率

频率是指单位时间内某一事件发生的次数(例如，1000 年中发生 1 次事件=1×10^{-3}次/a)。估计风险场景发生的频率是 PHA 流程的第 3 步。通常根据操作经验、工程判断或现有防护措施下的基准故障率信息确定始发事件的频率。在对低概率事件的频率进行定性估计时，团队往往缺乏一定经验。因此，有时需要进行定量计算才能确定频率。在定量风险计算中，将始发事件频率乘以针对相关不良后果的现有防护措施的失效概率，可得出风险场景发生的频率。第 2.3.3 节简要介绍了频率和概率的计算工具。

2.3.3 风险估算

定性、半定量和定量风险分析：风险评估可以是完全定性的，即完全基于危害评估团队在评估期间或评估之后做出的判断。风险评估也可以是完全定量的，如定量风险分析(QRA)。完整的 QRA 使用后果模型和故障树分析(FTA)等频率计算工具计算风险。完全定性或完全定量的风险评估方法可能会结合判断和计算两种方式。例如，在保护层分析(LOPA)中，团队可能通过判断确定所关注的后果，并通过计算确定频率。介于二者之间的方法有时称为半定量法。部分人士对“半定量”一词表示质疑，认为所有使用数字的工具均为定量工具，但该术语现已被广泛使用，并得到该领域大多数从业者的普遍认可。使用以下风险工具(按符合定量分析的严谨程度递增排列)可对后果和频率进行结合分析：

- 工程判断；
- 风险矩阵；
- 风险图；
- 领结分析；
- 保护层分析(LOPA)；
- 故障树分析(FTA)；
- 事件树分析(ETA)；

- 因果分析；
- 定量风险分析(QRA)。

上述方法的精确度依次递增，但所需投入的时间和人力也随之增加。反之，鉴于这些方法的复杂程度依次递增，如果组织未能就规避可再现性问题采取适当措施，那么相关研究结论的可再现性也会随之降低。

*风险矩阵：*根据 CCPS 的定义，风险矩阵是指“以表格形式列出可接受风险标准的一种方法”，通常用 *Y* 轴表示事故发生可能性，用 *X* 轴表示事故后果。表格中的每个单元格(事故发生可能性和事故后果的交叉值)代表某种特定的风险水平。风险矩阵包括定性和半定量两种形式。图 2.2 以及表 2.1、表 2.2 和表 2.3(摘自《定量风险标准制定指南》(*Guidelines for Developing Quantitative Risk Criteria*，CCPS 2009a)所示为定性风险矩阵。表 2.4 和表 2.5 (CCPS 2009)所示为半定量风险矩阵。

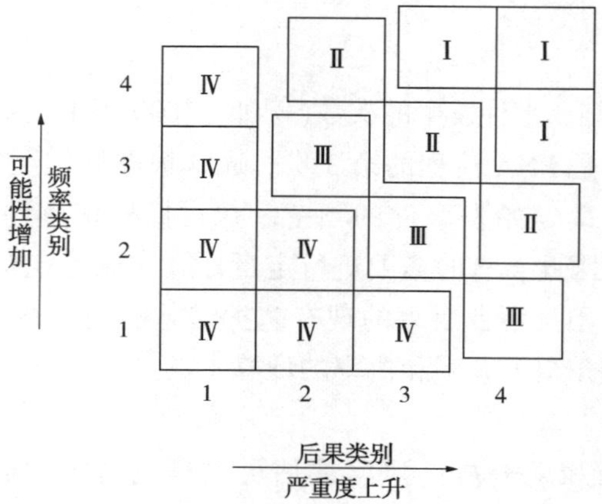

图 2.2　定性风险矩阵示例

表 2.1　后果类别示例——定性风险矩阵

类别	说明
1	无伤害或健康影响
2	轻度至中度伤害或健康影响
3	中度至严重伤害或健康影响
4	永久性伤残或死亡

表 2.2　频率类别示例——定性风险矩阵

类别	说明
1	预计在过程/设施生命周期内不会发生
2	在过程/设施生命周期内可能发生一次
3	在过程/设施生命周期内可能发生多次
4	预计一年内发生一次以上

表 2.3 风险等级/应对措施类别示例——定性风险矩阵

风险等级	说明	应对措施要求
Ⅰ	不可接受	立即采取缓解措施或终止活动
Ⅱ	高	在 6 个月内采取缓解措施
Ⅲ	中	在 12 个月内采取缓解措施
Ⅳ	可以接受	无须采取缓解措施

表 2.4 半定量风险矩阵示例【DOD 2000】

概率＼严重度	灾难性	严重	轻微	可忽略
频繁	1	3	7	13
经常	2	5	9	16
偶尔	4	6	11	18
很少	8	10	14	19
不可能	12	15	17	20

表 2.5 半定量风险矩阵建议事故严重度类别【DOD 2000】

说明	类别	环境、安全和健康影响标准
灾难性	Ⅰ	可能导致死亡、完全永久伤残、超过 100 万美元的损失或造成违反法律法规且不可逆转的重大环境破坏
严重	Ⅱ	可能导致部分永久残疾，造成可能导致至少 3 名人员住院治疗的伤害或职业病，损失超过 20 万美元但低于 100 万美元，或造成违反法律法规但可逆转的环境破坏
轻微	Ⅲ	可能导致受伤或职业病并造成一个或多个工作日损失，损失超过 1 万美元但低于 20 万美元，或造成未违反法律法规且可通过修复活动进行补救的环境破坏
可忽略	Ⅳ	可能导致受伤或疾病但未造成工作日损失，损失超过 2000 美元但低于 1 万美元，或造成未违反法律法规的轻微环境破坏

CCPS 相关文件(2009)对定性风险矩阵和半定量风险矩阵进行了详细说明。在 PHA 研究过程中，PHA 团队通常根据判断对后果进行估计，并据此评估风险场景的后果等级，然后根据特定后果发生的可能性评估当前条件下的发生频率。在 PHA 期间对原因(或失效模式)和后果(或影响)进行频率和后果评级，是许多化学品生产企业的常见做法。

风险图： 风险图是德国工业标准(DIN 1994)中描述的一种半定量分析工具，用于估算安全仪表功能(SIF)的安全完整性等级(SIL)，以明确所需的风险降低水平。如图 2.3 所示。风险图所使用的参数包括：

- C＝危险事件的后果；
- F＝出现在危险区域的频率和暴露时间(或占用)的概率；

- P＝避免危险事件的概率；
- W＝意外事件发生的概率。

上述风险图参数可进一步细分为：

- F1＝很少或较频繁暴露在危险区域内；
- F2＝频繁或永久暴露在危险区域内；
- P1＝在一定条件下可以避免；
- P2＝几乎不可能避免。

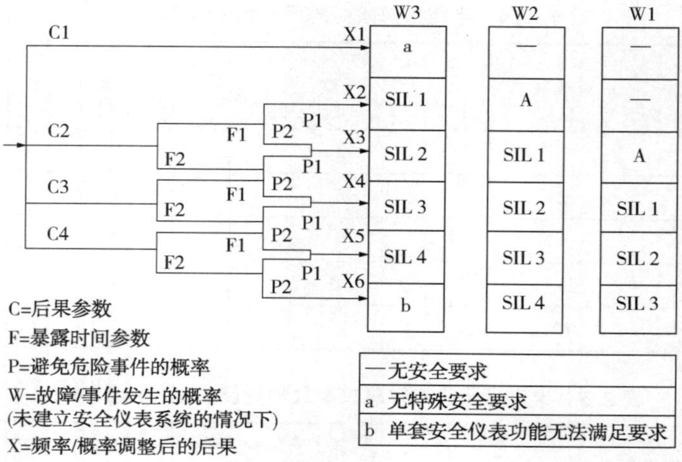

图 2.3　基于 IEC 61511 标准的风险图示例(Baybutt 2014)

保护层分析： 保护层分析(LOPA)是一种广泛使用的半定量风险分析方式。LOPA 通常使用初始事件频率、后果以及使能条件、修正因子及独立保护层(IPL)失效概率的数量级分类，对一个或多个场景的风险进行分析和评估。初始事件、使能条件、修正因子及独立保护层的乘积即为最终场景发生的频率。

为提高 LOPA 的准确性，某些组织会结合数据和/或完全定量分析使用初始事件频率和 IPL 失效概率，这一方法称为增强型 LOPA，具体内容详见本书剩余章节。

如需了解详细的 LOPA 分析方法，可参考以下 CCPS 相关书籍：

- 《保护层分析》(*Layer of Protection Analysis*，CCPS 2001)；
- 《保护层分析：使能条件与修正因子导则》(*Guidelines for Enabling Conditions and Conditional Modifiers in Layer of Protection Analysis*，CCPS 2014)；
- 《初始事件与独立保护层应用指南》(*Guidelines for Initiating Events and Independent Protection Layers*，CPPS 2015)；
- 《危害评估程序指南(第 3 版)》(*Guidelines for Hazard Evaluation Procedures*，*3rd Edition*，CCPS 2008)；
- 《化工过程定量风险分析指南(第 2 版)》(*Guidelines for Chemical Process Quantitative Risk Analysis*，*2nd Edition*，CCPS 1999)。

混合方法： Baybutt(2007)提出一种新的方法，在风险图的基础上进行了改进，以使其更符合 LOPA。本书未就此展开讨论。如需了解详细信息，可参阅相关参考文献。

故障树分析法(FTA)： 故障树是一种图形化模型，用于说明可能导致某种特定后果或相关故障(称为顶上事件)的故障组合。有关 FTA 的具体内容详见第 11 章。

事件树分析(ETA)： 事件树分析法用于识别初始事件的结果。ETA 使用图形化模型，用于说明某一初始事件(如物质或能量泄漏事件)发生后，保护系统正常运作或失效情况下可能导致的各种结果。

因果分析(CCA)： CCA 将 FTA 和 ETA 整合为一张图表。CCA 适用于分析逻辑相对简单的场景。

上述分析方法的详细介绍参见《危害评估程序指南(第 3 版)》(CCPS 2008)。

定量风险分析(QRA)： 定量风险分析对与工厂或运营相关的多个可能场景的预计发生频率和严重程度进行数值估计，然后将估计结果与安全风险标准进行对比。

结合以上信息即可计算得出风险值。以下是几种常见的风险衡量指标：

- ***风险指数：*** 风险指数是表示风险大小的单一数字。例如，死亡事故率(FAR)表示每 10^8 个暴露小时(大致相当于 1000 名员工的终身累计工时)的预计死亡人数(Lees 2004)。
- ***个人风险指标：*** 个人风险是指一个人暴露于危害中所面临的风险。
- ***社会风险指标：*** 社会风险是指可能因波及大量人口的事件而受到影响的群体所面临的风险。社会风险通常表现为每年发生一人或多人死亡的风险。

《化工过程定量风险分析指南(第 2 版)》(CCPS 1999)对 QRA 进行了详细说明。有关各种风险衡量指标及其发展史的详细介绍可参见《定量风险标准制定指南》(*Guidelines for Developing Quantitative Risk Criteria*，CCPS 2009a)。

2.4 风险评估

2.4.1 决策标准

对某一过程或工厂的风险进行分析后，组织需要将风险与既定的风险标准进行比较，从而做出评估。在设定可接受风险标准时，组织需要考虑以下几点因素：

- 企业的风险偏好；
- 地方和全国性法律；
- 组织愿意接受和/或有能力管理的后果严重程度；
- 利益相关方的预期；
- 企业文化；
- 企业的运营和技术能力；
- 如何分析风险；
- 如何在整个组织内做出风险决策；

- 就可接受风险标准对员工进行必要的培训；
- 如何在整个组织内以一致的方式执行风险决策；
- 该标准适用于单个风险场景，还是适用于某一单元或工厂已识别的所有风险场景的总和；
- 该标准适用于新设计，还是适用于具有相同风险的现有资产。

可接受风险： 可接受风险是指某一组织为实现预期利益而愿意接受的风险程度。图2.4所示为英国健康与安全执行局(HSE)使用的可接受风险分析框架(HSE 2001)。如图2.4所示，随着风险增加，风险可接受度不断下降。图2.4所示为以下3个不同程度的风险区域：

- 可广泛接受风险区；
- 可接受风险区；
- 不可接受风险区。

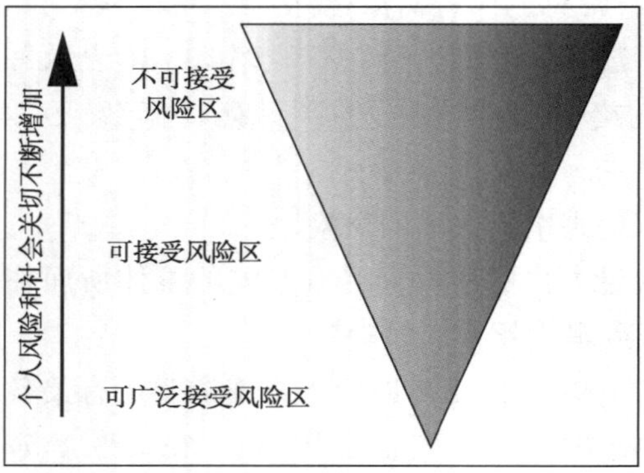

图2.4　可接受风险框架(HSE 2001)

所有组织均需确定符合自身情况的风险区域。组织的最高管理层需明确界定如图2.4所示的不可接受风险区、可接受风险区以及可广泛接受风险区。

例如，在图2.2所示的风险矩阵中，区域Ⅳ相当于“可广泛接受风险区”，区域Ⅰ相当于“不可接受风险区”，区域Ⅱ和区域Ⅲ的可接受度相对较高。在表2.3界定的类别中，区域Ⅱ的风险可接受时间较短(6个月)，区域Ⅲ的风险可接受时间较长(1年)。

组织的最高管理层需就风险可接受度做出明确决策。不可接受风险区和可接受风险区的界定，决定了工厂须采取何种程度的风险降低措施，以预防发生低概率高后果事件。此类事件可能会对整个组织的生存和声誉造成重大影响，例如印度博帕尔(Bhopal)甲基异氰酸酯泄漏(the Bhopal methylisocyanate release)、英国石油公司(BP)得克萨斯炼油厂爆炸(BP Texas City refinery explosion)等事件。此外，界定可接受风险区和可广泛接受风险区，有助于工厂明确无须进一步降低风险的情况。

部分企业可能并未制定明确的可接受风险标准。这些企业并非根据风险矩阵界定可接受或不可接受风险区，而是将符合行业标准作为可接受风险标准，或者基于风险或后果确定审批等级(决策等级)。无论采用何种方式，企业在做出相关决策时，其决策层级都需达到与制定、使用可接受风险标准相同的决策层级。

最低合理可行(ALARP)：ALARP的概念可以纳入所有可接受风险标准。ALARP原则要求持续降低风险，直至进一步增加的成本(包括资金、时间、精力或其他资源消耗)与进一步降低的风险极不相称。ALARP原则有时可与“在合理可行范围内”(SFAIRP)、“最低合理可实现”(ALARA)两个概念替换使用。在英国，ALARP通常用于描述工作场所必须控制

的风险水平。

采用 ALARP 作为风险决策标准，同时结合定性风险标准和预定的风险降低策略，有助于降低决策难度。此外，如果现有条件难以满足半定量或定量风险标准，组织可以通过 ALARP 确定是否已经采取充分有效的风险降低措施。

ALARP 作为风险决策工具的缺点包括：

- 利用 ALARP 作为风险决策工具时，需要依靠专家判断何为"与进一步降低的风险极不相称"的情况。
- 对于复杂决策或危险系数较高的情况，可能需要采用正规方法，如成本效益分析法以及下文所述的其他工具。

2.4.2 定性、半定量和定量风险标准

确定可接受风险标准时，企业需要确定使用定性、半定量或定量风险标准。部分国家或地区已就设立定量风险标准制定了相关法规。如需了解有关确定风险标准的更多详细信息，可参阅《定量风险标准制定指南》(CCPS 2009)。

定性风险标准： 如果企业使用定性风险标准，则在进行危害评估时，很可能使用定性风险矩阵(如图 2.2 所示)进行风险评估。在讨论特定风险场景时，团队需依据工程判断确定所有风险场景的严重度和可能性，并且需要在进行 PHA 分析前，就后果和可能性评估接受相关培训。行业专家可以在工程判断方面提供帮助。

采用定性风险标准制定风险降低策略需要一定的指导。例如，使用定性标准制定风险降低策略的一个示例，是针对高、中、低不同风险等级场景确定预防与缓解措施的数量。通过结合定性风险矩阵(见第 2.3.3 节)和风险降低策略层级结构[图 2.5，摘自《本质更安全化工过程》(*Inherently Safer Chemical Process*，CCPS 1996)]，可以为决策者或决策团队提供指导，帮助其根据实施方案所需的时间和资金参数，选择恰当的方案。

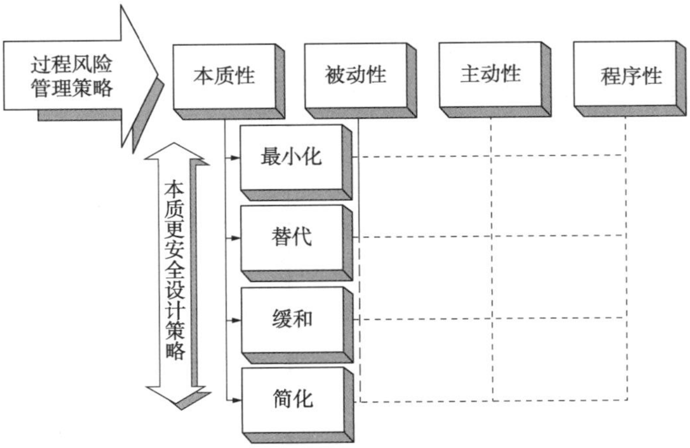

图 2.5 风险降低策略的层级结构(CCPS 1996)

尽管如此，确定后果、频率以及相关风险的可接受标准仍需依靠主观判断，这一过程依赖于 PHA 团队所有成员的专业知识和经验。如果企业未能以一致的方式开展风险评估相

关培训和能力建设，且未就审查已完成的风险评估采取一定的内部管理、保障或质控方法，则将无法在工厂或组织的不同团队之间，甚至在同一团队的同一研究中，确保风险决策判断的一致性。

半定量和定量风险标准： 半定量或定量的可接受风险标准使用数字表示风险发生的频率和/或后果的严重程度。此类标准通常表示为单位时间内的特定后果。例如：

- 对于在一定环境条件下能形成蒸气的剧毒物质，每年释放量达到453.6~4536kg（1000~10000bl）的可能性必须小于每年1/1000次。
- 现场发生1例或1例以上死亡事故的可能性必须小于每年1/10000次。

第一个例子依据物质释放量大小划分严重程度，第二个例子则依据事件的潜在影响（如火灾、爆炸、一人或多人伤亡等）进行划分。半定量风险分析通常将频率和后果划分为不同类别，并对频率/后果进行赋值估计。例如，假设某工厂可运行30~40年，相应的频率类别可能是“在过程全生命周期内发生一次以上或在10~100年内发生一次”。

如果企业采用此类风险标准，则在进行PHA分析时，很可能采用半定量风险矩阵（如表2.4所示）进行风险评估。

前文第1.3节“一种风险决策方法”中指出，组织应首先使用最简单的工具，然后再根据需要选择使用更复杂的工具。在进行风险分析和评估的过程中，组织可以依次使用更复杂、更精确的风险分析工具（如第2.3节所述），直到决策团队认为已掌握的信息能够支持做出正确的决策。例如，首先利用PHA中的风险矩阵进行初步研究，其次决定是否需进行LOPA分析。如果LOPA的分析结果仍无法为决策者提供充分依据或信息，则可以继续进行FTA、ETA分析以及完整的QRA分析。

使用上述方法的前提是，组织认为风险的复杂性或严重度较高，需要使用更精确的工具对备选方案进行适当评估。例如，LOPA通常使用数量级进行风险分析。不同备选方案可能会产生相同数量级的风险（可以利用增强型LOPA分析法解决这一问题），而决策者需要对各种备选方案的可靠性做出更加准确的评估。

如需了解有关制定定量风险标准的原因并获取进一步指导，可参阅《定量风险标准制定指南》（CCPS 2009）。

2.4.3 风险降低因子

风险降低因子（RRF）用于衡量保护功能或保护层能够在多大程度上降低危险事件发生的频率。使用RRF有助于向没有复杂数学知识和专业技术背景的人员（如操作员、商业人士等）说明保护层的性能，且无须使用其相对陌生的负指数。

RRF与平均按需失效概率（PFD_{Avg}）有关：

$$RRF = 1/PFD_{Avg}$$

简单举例：假设某工厂或组织规定的泄漏事故发生频率为每年1/10000（1×10^{-4}）次。经PHA团队评估或通过频率计算可得出，某事故情景的当前或基准发生频率为每年1/10（0.1）次。为确保符合规定频率，所有保护层的总PFD应为每年1/1000（0.001）次，即RRF等于1000。

[总 PFD = 0. 0001(规定频率)/0. 1(当前频率) = 0. 001)]

RRF = 1/0. 001 = 1000

对两种降低风险的备选方案进行评估后得出：

备选方案 A 的 PFD 为 0. 1(RRF = 10)

备选方案 B 的 PFD 为 0. 01(RRF = 100)

如果两种备选方案相互独立，即方案 A 的性能不受方案 B 的影响，那么：

总 PFD = 0. 1×0. 01 = 0. 001

总 RRF = 1/0. 001 = 1000。

2.5 总结

风险管理流程包含四个步骤，即风险识别、风险分析、风险评估和风险处理。本章详细介绍了前三个步骤。风险场景是指引发损失事件的一系列事件，风险场景的后果和频率可以通过工程判断、简单的定性和定量分析工具以及复杂的计算机模型等方法进行估计。

风险评估要求组织制定相应的风险标准。风险标准需由组织的最高管理层制定，因为高后果事件不仅会影响发生事件的工厂，还可能对整个组织造成影响。此外，组织管理范围内的所有工厂都需要了解应在何时停止为降低某处风险投入资源，并为降低其他风险分配资源。风险标准分为定性标准和定量标准，适用范围可能包括单一事件、整个工厂及场外人员。

3 过程危害、后果和风险概述

3.1 过程危害

过程安全知识是 CCPS 基于风险的过程安全管理体系的 20 个要素之一（CCPS 2007），全面理解过程危害是做出良好风险决策的基础。以下章节简要介绍了各种过程危害，旨在为制定风险决策提供参考，未就相关话题作深入讨论。如需了解更多信息，可参阅各章节相关材料。

3.1.1 急性中毒

毒性是一种衡量指标，用以描述人体直接接触化学物质所受到的伤害程度，包括从“轻微且可逆转的不良反应”到“严重且不可逆转甚至危及生命的反应”等多个级别。急性中毒指单次接触造成的影响，慢性中毒指的是一段时间内反复接触造成的影响。有关工艺操作的过程安全风险管理一般关注急性中毒，因为相关风险情景通常被视为指一次性事件/接触。慢性中毒涉及反复或持续的接触，通常不在化工过程风险评估的探讨范围内。

毒性取决于接触途径、接触时间和个体易感性。任何物质在适当的（或错误的）剂量下及一定接触时间后均可能产生毒性。（“万物皆有毒，无一物无毒。剂量决定其是毒物还是药物。”——毒理学之父帕拉塞尔苏斯，1538）。由于个体易感性无法纳入风险分析，因此组织需要在风险分析时将接触风险的人群纳入考量。暴露于现场风险的人员更有可能保持健康。场外人群会具有一定易感性，因此，可以针对最易感人群进行场外影响分析。

在化工过程中，最常见的接触途径是皮肤或呼吸道。腐蚀性化学品是引起皮肤损伤的典型有毒物质。蒸气和气溶胶物质则可能通过呼吸道接触造成危害。此外，窒息也是毒性的一种表现形式。

接触限值：美国针对日常操作所采用的接触指标为阈值（*TLV*）。该指标由美国政府工业卫生专家会议（ACGIH）设定，适用于短期接触的情况：

- *TLV-TWA*（时间加权平均阈值），适用于每天 8h、每周 40h 的接触时间。
- *TLV-STEL*（短期接触阈值），适用于 15min 的接触时间。
- *TVL-C*（最高阈值），适用于最大瞬时接触水平。

其他国家或地区也制定了各自的 *TLV* 指标。其中包括：

- 工作场所接触限值，英国。
- 职业接触限值（*VLEP*），法国。

- 工作场所接触限值(*AWG*)，德国。

以下为有关工作场所接触限值的部分参考资料：

- 美国政府工业卫生专家会议(ACGIH 2015)。
  (http：//www. acgih. org/forms/store/ProductFormPublic/2015-tlvsand-beis)
- 美国职业安全与健康管理局(OSHA)，容许接触限值。
  (https：//www. osha. gov/dsg/annotated-pels/index. html)

风险决策的接触限值： 大多数基于风险的决策均涉及偶发事件。对于这些事件，通常依据《急性暴露指南水平》(AEGL)或《应急响应计划指南》(ERPGs)等测量方式评估毒性终点。在进行全面的定量风险分析(QRA)时，通常会使用剂量-反应方程，即 Probit 方程。

AEGL 由美国联邦危险物质急性暴露指南水平国家顾问委员会(NAC/AEGL 委员会)制定，以某种物质的百万分之一(ppm)或毫克/立方米(mg/m^3)为单位，预计超过该浓度时，包括易感个体在内的一般人群可能会受到特定影响。这些影响包括：

- 1 级：明显不适、刺激或某些无症状的非感官效应。此类影响不会致残且持续时间短，停止接触后即可恢复正常。
- 2 级：对健康造成不可逆转的或其他严重的、长期的不良影响，或损害逃生能力。
- 3 级：危及生命的健康影响或导致死亡。

ERPG 由美国工业卫生协会(AIHA)制定。ERPG 用于评估特定的有害化学物质浓度，在该浓度下，绝大多数人接触空气中有害化学物质 1h，不会受到 ERPG 等级所定义的健康影响。一种化学物质最多可能涉及三个 ERPG 值，每个值均对应一个特定的健康影响等级。ERPG 的三个等级包括：

- ERPG-3 是指化学物质满足在以下条件时的空气中最大浓度，在此浓度以下，绝大多数人在 1h 以内接触化学物质，不会造成危及生命健康的健康影响。
- ERPG-2 是指化学物质满足在以下条件时的空气中最大浓度，在此浓度以下，绝大多数人在 1h 以内接触化学物质，不会造成不可逆或更严重的健康影响，同时也不会影响个人采取防护措施的能力。
- ERPG-1 是指化学物质满足在以下条件时的空气中最大浓度，在此浓度以下，绝大多数人在 1h 以内接触化学物质，不会造成除暂时性轻微健康影响或明显的异味外的其他异常情况。

表 3. 1 所示为氨气的 AEGL 和 ERPG 水平。需注意，AEGL 和 ERPG 是不同组织制定的两种衡量指标，因此接触时间为 60min 的 AEGL 和 ERPG 水平并不相同。

以下为表 3. 1 数值的部分参考资料：

- 空气中化学物质的急性暴露指南水平(AEGL)。
  (http：//www2. epa. gov/aegl)
- 美国工业卫生协会《应急响应计划指南》(ERPG)。
  (https：//www. aiha. org/getinvolved/AIHAGuidelineFoundation/EmergencyResponsePlanning

Guidelines/Pages/default. aspx)

- 荷兰国家应用科学研究院(TNO)紫皮书——CPR 18E-《定量风险评估指南》(TNO 2007)。
- 《化工过程定量风险分析指南》(CCPS 1999)。
- 《过程工业中的损失预防(第 4 版)》(*Loss Prevention in the Process Industries, 4th Edition*, Lee's 2014)。

表 3.1 氨气的 AEGL 和 ERPG 水平(ppm)

水平	1	2	3
AEGL 10min	30	220	2700
AEGL 30min	30	220	1600
AEGL 60min	30	160	1100
ERPG 60min	25	150	750
AEGL 4h	30	110	550
AEGL 8h	30	110	390

Probit 方程： 对于一些化学品，可以使用 Probit 方程进行更详细的风险评估，特别是完全定量的风险评估。Probit 方程基于接触时间和接触浓度计算影响概率，可以对接触个体受到影响的可能性进行更加准确的评估。此外，它还可以评估接触/暴露浓度随时间变化的情况下可能产生的潜在影响。

将某化学物质的剂量-反应数据与公式 3.1 进行曲线拟合即可得到 Probit 方程。

$$Y=a+b\ln(c^n t_c) \tag{3.1}$$

式中 Y——Probit 值；

a，b，n——常数；

c——浓度，ppm，按体积计算；

t_c——暴露时间，min。

如表 3.2 所示，Probit 值(Y)与受影响个体的百分比有关。目前，已建立 Probit 方程的化学物质仅占少数，而且其中部分化学物质存在多个不同的方程。对于更多化学物质，可以使用 AEGL 或 ERPG 等固定的浓度值。

表 3.2 Probit 值与受影响百分比的关系

Probit 值	2.67	3.72	5.00	6.28
受影响百分比/%	1	10	50	90

在制定风险标准和风险决策的过程中，无论组织决定使用固定值、Probit 方程，还是将两者结合使用，都必须咨询工业卫生学家和/或毒理学家。

3.1.2 可燃性和爆炸性

使用易燃和可燃材料可能引发火灾和爆炸。火灾发生三要素包括可燃物、氧化剂、点火源，简称“火三角”。

为确保妥善管理可燃气体和液体的风险，需要了解材料的特性，包括燃烧下限和上限（*LFL* 和 *UFL*）、闪点（f_p）、自燃温度（*AIT*）、极限氧含量（*LOC*）和最小点火能（*MIE*）。化学品安全技术说明书中介绍了大部分材料特性。

在设备内部，工艺过程往往在低氧含量气体环境，或者燃料浓度低于 LFL 或高于 UFL 的条件下运行。一旦发生泄漏事件，如果物质温度高于其闪点，由于空气中始终有氧气作为助燃物，就存在发生火灾和爆炸的危险。

控制点火源：控制点火源是一种行之有效且必要的措施，但本身通常并不能作为可靠的风险降低策略。在许多火灾和爆炸事故调查中，点火源往往无法完全确定。识别并消除所有潜在的点火源几乎无法实现。因此，过程安全的第一条准则是“应始终重视你的设备”（Rosen 2015）。

可燃物质一旦泄漏，可能被点燃，也可能不会。如果立即被点燃，则可能发生火灾或喷射火灾。如果被延迟点燃，则可能发生池火、闪燃或爆炸。可燃蒸气云的受限程度是判断爆炸是否会发生的重要参数，制定相关决策时应咨询专家的意见。火灾事故的关注点是火焰冲击和火灾产生的热辐射。爆炸事故的主要关注点是超压，以及破片、爆炸冲击波或脉冲效应等其他影响。图 3.1 中的事件树有助于分析可燃物泄漏后可能的后果。

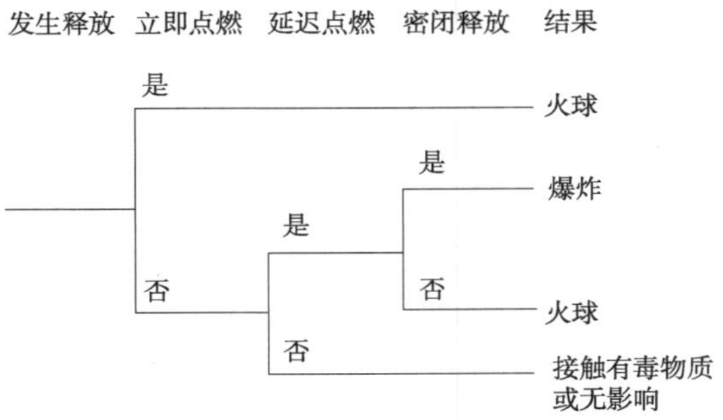

图 3.1　可燃物泄漏事件树

可燃粉尘：可燃粉尘是一种特殊且有时被忽视的易燃易爆危险物质。细碎的有机或金属粉尘可以迅速燃烧。通常认为，粒径为 420~500μm 的粉尘存在闪燃和爆炸的风险。这一粒径界限可能具有误导性；诸如薄片或纤维等非球形颗粒，即使某一维度大于 500μm，也可能具有爆炸性。此外，粉尘释放过程中通常存在不同粒径的颗粒。虽然平均粒径可能大于 500μm，但仍有相当一部分粉尘的粒径小于 500μm。

与蒸气相同，粉尘燃烧同样需要满足可燃物、点火源和氧化剂三个条件，但爆炸或闪燃的发生则需要粉尘分散和受限空间条件。本节中所述的多项参数在粉尘中也存在等效参数。

与蒸气类似，任何特定的粉尘云均具备极限氧含量（*LOC*）和最小点火能（*MIE*）。粉尘云的爆炸下限浓度（*MEC*）相当于蒸气的燃烧下限，而最高自燃温度（*MAIT*）则相当于蒸气的自燃温度。衡量粉尘爆炸的另一关键指标是爆炸严重度指数（K_{St}），该指标是计算爆燃泄放或抑爆系统尺寸的重要参数。

然而，与蒸气不同的是，粉尘的这些特性并非固有特性，而是外在特性，具体取决于粉尘云中粉尘的粒径和粒径分布。在标准测试方法中，通常筛选使用粒径为 75μm 以下的样品对这些特性进行测量。

蒸气和粉尘之间的一个主要区别在于工艺设备外受限爆炸发生的方式。蒸气泄漏会立即形成可燃蒸气云，并持续存在，直至其浓度低于爆炸下限(LFL)为止。而粉尘泄漏后会积聚在工艺机架或建筑物内的表面上，一次爆炸(如设备内发生爆炸)可能会导致积聚的粉尘开始扩散，随后这些粉尘可能被爆炸点燃，从而引发二次爆炸(图 3.2)。

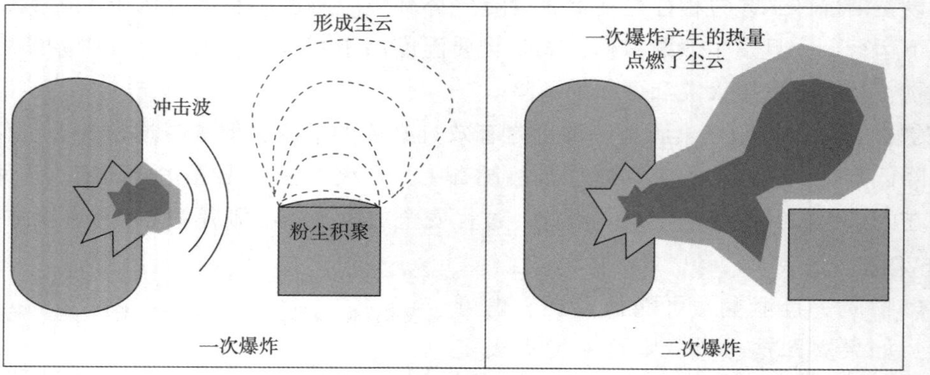

图 3.2　二次粉尘爆炸(由 OSHA 提供)

二次爆炸可能造成与大型蒸气云爆炸程度相当的破坏和伤害。事实证明，造成多人死亡和严重破坏的所有粉尘爆炸均为二次爆炸。对于处理可燃粉尘的工厂而言，清洁管理程序与动火作业许可程序一样重要，甚至更加重要。

在未封闭的情况下，粉尘可能会引发闪燃或火球。如果火球被限制在设备或建筑物等空间内，则可能发生粉尘爆炸。目前，预测粉尘爆炸影响的模型很少，因此往往采用简化的步进逻辑来估算其后果发生的频率。

沸腾液体膨胀蒸气云爆炸(BLEVE)： BLEVE 是另一种类型的爆炸。它指一种快速的相变过程，在这一过程中，液体在高于其常压沸点时迅速泄压，近乎瞬间转化为蒸气，并伴随相应的能量释放。由于外部火焰通常会冲击压力容器的气相空间，因此可燃物质的 BLEVE 常伴有大型气溶胶火球。然而，液体的可燃性并非发生 BLEVE 的必要条件。

BLEVE 的一个常见原因是容器在火势包围下，因机械强度下降而导致破裂。在容器内被液体润湿的壁面上，热量被液体吸收。而壁面未被液体润湿的部分，温度可升至 600℃以上，导致壁面强度减弱。压力容器的金属可能丧失 60%～80%的强度，从而导致容器破裂。

如需了解有关 BLEVE 及 BLEVE 后果模型的更多信息，可参阅《蒸气云爆炸、压力容器爆裂、沸腾液体膨胀蒸气爆炸及闪燃危险指南》(*Guidelines for Vapor Cloud Explosion*, *Pressure Vessel Bursts*, *BLEVE and Flash Fire Hazards*, CCPS 2010)。

压力容器爆裂(PVB)： PVB 同样是一种爆炸类型，指装有气体的压力容器在高压下发生爆裂。压力容器并不仅限于美国机械工程师学会《锅炉和压力容器规范》(BPVC)中定义的压力容器。任何可以在爆裂前积累一定压力的容器均可能发生 PVB。《锅炉和压力容器规范》旨在降低压力容器爆裂发生的可能性。

造成压力容器爆裂的原因包括：

- 制造缺陷；
- 疲劳；
- 腐蚀或应力腐蚀开裂；
- 低温脆化；
- 连接至高压供气系统；
- 产生压力的化学反应；
- 容器内的燃烧；
- 快速相变；
- 过热（例如由外部火源）；
- 液压破裂；
- 人为因素。

压力容器爆裂后会产生压力波，导致容器碎片向四周飞散。目前，已有方法预测 PVB 产生的超压。如需了解有关 PVB 和爆炸波模型的更多信息，可参阅《蒸气云爆炸、压力容器爆裂、沸腾液体膨胀蒸气爆炸和闪燃危险指南》（CCPS 2010）。

3.1.3 化学反应性

不受控制的化学反应可能会直接或间接对人员、财产或环境造成严重危害。许多反应性化学事故均发生在原来预计不会发生化学反应的操作过程中，如储存、混合、蒸馏等过程。化学反应可能导致容器或反应器内超压，从而引发以下后果：

- 设备/容器破裂；
- 压力波；
- 有毒或可燃物质泄漏。

反应器设计所涉及的关键过程安全问题是失控反应。当放热反应产生的热量生成速率超过热量移除速率，温度失控上升时，便会发生失控反应。如果反应释放的热量超过冷却能力，反应速率就会加快（失控），并可能导致过量气体释放或蒸气压力上升。如果未采取适当的超压泄压保护措施，则最终可能导致反应器破裂。如果能够采取充分有效的超压泄压保护措施，则会通过泄压装置发生泄放。

发生失控反应时，温度可能会显著升高，从而可能促发更多的放热反应。这些反应可能会加快压力上升速率，从而增加安全泄压的难度。

有关化学反应器的安全设计指南可参考以下资料：

- 《过程安全工程设计指南（第 2 版）》（*Guidelines for Engineering Design for Process Safety*, *2nd Edition*, CCPS 2012a）；
- 《间歇反应系统过程安全指南》（*Guidelines for Process Safety in Batch Reaction Systems*, CCPS 1999a）。

美国化学品安全与危害调查委员会（CSB）对美国境内 21 年来发生的 167 起化学反应事故进行了调查（CSB 2002）。调查发现，超过 90% 的事故涉及已有公开文献中记载的危害。

针对 CSB 的调查结果，CCPS 开发了一种用于评估化学反应性危害的 12 步初步筛选法，并将其发布在《管理化学反应性危害的基本实践》(CCPS 2003)中。

以下是关于化学反应性危害的其他参考工具和资源：

- Bretherick《反应性化学品危害手册》第 1、2 卷(*Handbook of Reactive Chemical Hazards Vols. 1 and 2*, Elsevier, 2007)；
- CCPS《化学反应性评估及工艺设计应用指南》(*Guidelines for Chemical Reactivity Evaluation and Application to Process Design*, 1995)；
- CCPS《管理化学反应性危害的基本实践》(*Essential Practices for Managing Chemical Reactivity Hazards*, Johnson 等, 2003)；
- CCPS《化学反应性评估工具》(*Chemical Reactivity Evaluation Tool*)；
- 相容性图表，ASTM E2012-06《二元相容性图表编制标准指南》(*Standard Guide for Preparation of a Binary Compatibility Chart*)；
- 《化学反应性工作表》(*Chemical Reactivity Worksheet*)第 3.0 版；
  (http://response.restoration.noaa.gov/reactivityworksheet)
- ASTM《用于化学热力学和能量释放评估的计算机程序》(*Computer Program for Chemical Thermodynamic and Energy Release Evaluation*)(CHETAH®)第 10.0 版。
  (https://www.astm.org/BOOKSTORE/PUBS/chetah_support.htm)

3.1.4 重大或较大环境释放危害

环境释放是指造成环境破坏(如土壤或水污染、空气排放许可超标)的泄漏事件。环境释放可能伴随上述其他危害发生。即使没有其他伴生危害，重大环境释放事故也可能造成数百万美元的损失，而且通常会比单纯的火灾或爆炸产生更加恶劣的公众影响。历史上曾发生多起严重的环境事故，例如：

- “埃克森·瓦尔德斯”号油轮事故(Exxon Valdez, 1989)：油轮触礁导致近 $4.16\times10^4m^3$(1100 万加仑)原油泄漏到阿拉斯加的普吉特湾(Puget Sound, AL)。埃克森公司花费了 21 亿美元清理泄漏的石油(“埃克森·瓦尔德斯”号漏油事件受托人委员会)。
- 山德士仓库火灾(Sandoz Warehouse fire, 1986)：用于扑灭化学品储存设施火灾的水流入莱茵河，形成长达 40km(25mile)的有毒化学品漂浮层，导致水生生物大面积死亡，直至该事故发生一年多后才开始恢复生态。

3.1.5 其他过程危害

以下列出了难以归类于上述章节的其他过程危害示例。

高储能危害： 在高能量旋转设备(如压缩机、涡轮机、大型泵、离心机等)中，不对中或不平衡等问题可能导致设备破裂。此类故障还可能引发多米诺效应，如泄漏以及不相容物料的混合。

热灼伤危害： 接触释放的极热或极冷物质(如过热蒸汽)会对人体造成伤害。在极高温度下，金属的强度会低于正常水平。低温脆化可能导致设备破裂。

窒息危害： 历史上，低氧环境曾造成多起死亡事故。CSB 的一项研究显示，1992—

2002 年间共发生 85 起氮气窒息事故，造成 80 人死亡，50 人受伤。为深刻吸取事故教训，CSB 发布了安全通报和报告《氮气窒息的危害》(*Hazards of Nitrogen Asphyxiation*，CSB 2003)。

高压或低压危害： 高压或真空会对人员造成伤害，并导致设备损坏和物质泄漏。《不要成为下一个真空事故受害者》(*Don't Become Another Victim of Vacuum*，Sanders 1993)一书中介绍了历史上曾发生的几起设备真空坍缩事故。

极端天气危害： 随着时间的推移，极端天气造成的损失日益增多。2017 年飓风"哈维"(Harvey)曾造成超 100 起基础设施故障和化学品泄漏事故。《量化、管理工业基础设施和运营的极端天气风险和责任的综合方法》(*An Integrated Method for Quantifying and Managing Extreme Weather Risks and Liabilities for Industrial Infrastructure and Operations*，Kytomaa 等，2019)一书中介绍了量化和管理此类风险的方法。

3.2 风险识别

并非所有的危害/风险识别工具都适用于事故情景的识别。基于情景的危害识别方法侧重于采用预测方法来识别事故情景。适用于预测事故情景的危害识别工具包括：危险与可操作性分析(HAZOP)、假设分析(What-If/Analysis)以及失效模式与影响分析(FMEA)。这些方法旨在确定可能出现的问题以及现有防护措施是否可以预防或缓解事故情景。表 3.3 所示为典型的 HAZOP 工作表，其中对某起泄漏事故情景的原因进行了分析。表格所列的"原因""后果""防护措施"和"建议"有助于进行定性或定量分析。

表 3.3 典型的 HAZOP 检查表

偏差	原因	后果	防护措施	建议
流量增大	进口阀无法关闭	储罐溢流，有毒物质释放	高液位开关关闭切断阀	

通过结合风险矩阵，上述工具还可用于对事故情景进行风险分析，或者用于为 LOPA 提供分析依据。《危害评估程序指南(第 3 版)》(*Guidelines for Hazard Evaluation Procedures, 3rd Edition*，CCPS 2008)中对这些工具进行了介绍，并举例说明了如何将这些工具应用于实际情景。

3.3 后果与影响

不同类型的危害，其后果也可能不同。表 3.4 列出了第 3.1 节中所述的危害及其相关事故情景，以及可用于衡量事故情景结果和潜在影响的方法。对于泄漏导致的有毒或可燃物质环境释放事故，研究团队可以通过判断对释放量进行定性估计。研究团队也可以使用有限后果建模方法来确定影响区域(如燃烧下限的范围和/或特定超压的范围)，或者对引发爆炸的空间密闭程度进行评估，或通过剂量-反应关系对有毒物质的接触、热辐射、超压爆炸进行分析。某些危害情景可能会导致多种不同后果。例如，在紧急泄放系统(ERS)正常运行的情况下，失控反应可能导致可燃/有毒物质释放；而在建立 ERS 模型以计算表 3.4 所列后果和影响的情况下，失控反应则可能导致容器爆裂。

表 3.4　危害及相关事故情景、衡量指标和影响

危害	事故情景	衡量指标	影响
急性中毒	泄漏	释放量大小和释放物成分 与指定接触限值、ERPG、AEGL 的差值	受伤、死亡
可燃性	泄漏并点燃 设备内部点燃	与指定热辐射水平的差值 与指定超压水平的差值	受伤、死亡 建筑物或设备损坏或毁坏
化学反应性	泄漏或容器破裂导致失控反应 泄漏或容器破裂导致意外混合	与指定超压水平的差值 与指定热辐射水平的差值 与接触限值的差值(紧急泄放系统已激活的情况下)	受伤、死亡 建筑物或设备损坏或毁坏
压力容器爆裂	容器内压力升高	与指定超压水平的差值	受伤、死亡 建筑物或设备损坏或毁坏
沸腾液体膨胀蒸气云爆炸	火灾包围容器	与指定热辐射水平的差值 与指定超压水平的差值	受伤、死亡 建筑物或设备损坏或毁坏
环境释放	泄漏	释放物量大小和释放物成分	土壤和地下水污染，水道污染

3.4　频率

每种危害的频率和可能性均可采用与后果估算类似的方式进行估算，包括判断、工厂经验、故障率数据以及频率计算方法(如第 2.3.3 节所述的 LOPA 或 FTA 分析)。有些危害情景需要估算特定的修正因子，如可燃物释放的着火概率，而有些危害情景则可能引发多种结果。如上所述，给定频率下的失控反应可能会导致两种后果：如果已确定引火源，则需估算紧急泄放系统正常运行情况下可燃物释放的频率(需要估算着火概率)；紧急泄放系统失效的情况下，则需估算容器爆裂导致超压事件的频率。

多米诺效应：火灾和爆炸事故可能会引发其他事故情景。火灾或超压会对其他容器或建筑物造成损害，从而引发更多有毒和/或可燃物质释放、火灾或爆炸事故。例如第 3.1.2 节中所述的二次粉尘爆炸，以及下文所述的墨西哥城液化石油气配送站事故。

墨西哥城墨西哥国家石油公司爆炸和沸腾液体膨胀蒸气云爆炸(PEMEX Explosions and BLEVES，Mexico City)：1984 年 11 月 19 日，某配送站的液化石油气(LPG)泄漏，被点燃后引发了一系列爆炸事故。当时并未查明泄漏原因，但很可能是由于管道超压或储罐过量充装。液化石油气的泄漏持续了大约 5~10min，所形成的气体云飘至一处火炬烟囱后被点燃。卧式储罐围护结构内的约束作用导致储油罐被抛离支撑，管道破裂。随后发生了九次爆炸和沸腾液体膨胀蒸气云爆炸。四个小型球罐被炸毁，碎片散落在周围区域，有些甚至散落在 350m(1150ft)以外的公共区域。由此引发的大火导致一系列液化石油气储罐爆炸，造成约 600 人丧生，约 7000 人受伤，20 万人被疏散，该配送站也被摧毁[《过程安全事故解析》(*Incidents that Define Process Safety*，CCPS 2008a)]。

如果对可能性进行简单的半定量估计，决策团队可能需要估计爆炸影响的可能性。团队可以假设释放频率的数量级估算值，并假设引发爆炸的延迟点燃及密闭空间条件始终存在，即概率为 1.0，然后使用扩散和爆炸模型计算与给定超压(如 1psig)之间的差值。对冲击力进行分析时，团队可以假设在压力为 1psig 的爆炸区域内，建筑物内的所有人员均会死亡(1.0psig 的压力可能震碎窗户并破坏某些结构，这通常是爆炸导致伤亡事故的重要原因)。这种方法虽然简单，但给出了一个保守的答案，在这种情况下，高估了可燃物释放引发爆炸并造成死亡的可能性。

针对上述案例，决策者需要寻求替代解决方案，将可燃物释放和着火的频率降低至组织的可接受风险标准以下。如果团队无法找到实现这一目标的替代方案，他们可以进行更详细的分析，可能包括添加着火概率的估计值，或者通过 FTA 等分析方法对释放频率进行更加详细的估计。

3.5 风险

对于表 3.4 中所述的任一事故情景，均可采用定性分析方法确定其结果的严重程度和可能性。一旦估计了后果的严重性和可能性，就可以确定风险及风险降低的要求。

团队可能会将频率需要与后果相匹配。进行 PHA 分析时，含高浓度 H_2S 的管道中的阀门填料泄漏归类为潜在致命风险(泄漏发生后，靠近阀门的人员可能吸入致命剂量的 H_2S)，然后根据阀门泄漏的次数(“阀门一直在泄漏”)确定频率。这种方法会高估风险，原因在于缺少以下某一条件：

- 阀门泄漏时相关人员靠近阀门的概率(修正因子)；
- 对阀门泄漏的频率进行调整，以使有毒区域含有通常有人的区域。

注意：针对上述有毒物质释放事故情景使用定性分析方法时，团队可能会高估事故的严重性(没有人敢公开断言不会发生死亡事故)，但随后会在直觉上低估发生的频率(从未见过有人因此死亡)以作补偿。未发生死亡事故可能并非因为相关事件(有毒或可燃物质释放)从未发生，而是释放浓度未达到一定程度，不足以产生明显影响或达到可燃浓度。

4 风险决策与策略

4.1 目标与属性

4.1.1 目标

在制定风险决策的过程中，通常存在多个相互竞争的替代方案，这些方案可以在不同程度上降低风险，并需要不同的成本。制定风险决策时，既可以依据既有的可接受风险标准，也可以通过评估备选方案相对风险来确定。在化工、石化、炼油和炼油上游产业中，最常见的风险包括安全、环境和财务风险。伴有高风险的财务目标需要从企业/业务层面进行考量；同理，可接受的安全和环境风险目标也需要从企业层面确定。在流程工业领域，风险决策的目的是降低过程的安全、环境或财务风险，从而有效利用组织的资源，确保依照经营许可证合规运营。

4.1.2 属性

难易程度： 有些决策相对简单，例如安装安全仪表功能，以防止因工艺偏差导致有毒物质泄漏并造成装置内人员伤亡。而有些决策相对更复杂，例如决定使用火炬装置还是收集装置替代常压放空系统，或制定相关规程以确定放空装置周围的安全区域。

组织层面： 风险决策的制定贯穿于组织的各个层级。例如：

- 出现工艺偏差时，操作人员必须决定是停车处理，还是在运行中解决问题。
- 运维和生产部门则需要依据检查结果决定是停车检修，还是维持运行到下一次计划检修周期。参阅以下案例分析：

> **加利福尼亚州里士满雪佛龙炼油厂火灾：** 一根 1.32m(52in) 长的碳钢管道发生破裂，释放出可燃蒸气云。蒸气云燃起的大火包围了 19 名员工，幸运的是他们最终得以逃生。事发前，曾有人多次建议使用更耐腐蚀的管道更换现有管道，但雪佛龙公司并未落实这些安全建议(CSB 2014)。

- 如果工厂或工程团队发现某设备已经不符合良好工程实践的要求，则必须决定如何以及何时更换设备。由于设备更换成本较高且更换期间会导致生产损失，相关决策必须由组织高级管理层制定。参阅以下案例分析：

> **2005 年英国石油公司得克萨斯城炼油厂爆炸：** 本案例所涉及的决策需要由组织高级管理层制定。由于多个操作和控制系统发生故障，大量可燃物通过放空系统泄漏，造成 15 人死亡，并给该炼油厂带来严重损失。事故发生时，常压放空系统已经不符合良好工程实践的要求。该炼油厂的母公司阿莫科(Amoco)，即后来的英国石油公司，曾计划更换放空罐，但一直未能落实(CSB 2007；Hopkins 2008)。更换放空罐需要耗费大量资金并暂停生产，这一决策必须获得高级管理层或工厂管理层的批准。

决策职责： 组织必须就风险管理和风险决策的相关职责作出明确界定。涉及更高风险的决策必须交由组织高级管理层制定，例如决定延迟维护或更换设备部件。若设备故障仅引发局部后果，则相关决策可交由车间负责。若设备故障可能对整个工厂造成影响，则必须在工厂层面作出决策。而对于可能产生场外影响的后果，则必须在整个企业层面制定决策。此外，必须明确界定设备、工厂及组织层面的风险负责人，并根据既定的风险等级建立上报机制，以应对因变更管理、屏障损害或外部因素等产生的新风险。

持续改进： 风险决策策略应符合组织的价值观/准则，并纳入组织的风险管理流程。风险管理体系应有助于实现持续改进。

例如，为推动持续改进，英国石油公司制定了重大事故风险(MAR)计划。英国石油公司未在 $F\text{-}N$ 曲线上设定可接受风险区(Considine 和 Hall，2009)，而是针对每种类型的操作(如炼油厂或海上油井)，设定了单一群体报告线(GRL)(见第 10.2.3 节“持续改进”)。该计划要求处理并降低最高的五种风险，以推动持续改进。到下一次实施重大事故风险计划时(五年后)，应重新确定最高的五种风险，并采取相应的处置和缓解措施。即使在工厂的风险水平低于群体报告线的情况下，该计划仍要求持续改进。(注：MAR 流程并未应用于 Macondo 油井)(CSB 2014a)

4.2 过程生命周期与备选方案

在过程生命周期的不同阶段，决策备选方案的数量和类型也有所不同。《定量风险标准制定指南》(CCPS 2009a)将过程生命周期划分为以下各个阶段：

- 研究；
- 工艺开发；
- 详细设计与建造；
- 运行、维护与改造；
- 报废。

如第 2.4.2 节所列，以下是通用的风险降低策略层级：

- 本质性——通过使用非危险性材料和工艺条件来消除危害；
- 被动性——通过工艺和设备的设计特性来降低风险，无须主动运行任何设备即可降低事故频率或减轻事故后果；

- 主动性——使用控制装置、仪表保护系统或其他设备(如安全泄放阀、抑制系统、自动切断阀、自动喷水灭火系统)来降低事故频率或减轻事故后果;
- 程序性——通过制定政策、操作规程、检查和维护规程、动火作业许可和应急响应预案来降低事故频率或减轻事故后果。

在研究和工艺开发阶段，风险降低备选方案的可选范围最广，例如选用不同原材料、溶剂、工艺条件、单元操作等。该阶段可以考虑本质更安全的方案，例如使用不易燃或不可燃的溶剂、低毒性原材料、不涉及危险中间产物的反应路径，以及容错性强的工艺/化学反应等。

在详细设计阶段，许多方案已经确定。该阶段的备选方案包括工厂选址、设备间距及布局、设备类型以及工艺控制方案等。进入运行阶段后，备选方案进一步减少，可选的方案包括新的操作规程、新的安全系统联锁、原材料变更以及设备升级或改造。值得注意的是，变更幅度越大，变更成本也可能越高。在上述两个阶段中，落实任何风险决策之前都必须进行变更管理(MOC)审查。

在运行阶段(运行、维护和改造、报废)采用本质更安全的方案较为困难，但也并非不可能。在风险决策中可以选择对工艺进行改良，从而采用本质更安全的方案。如需了解有关本质更安全设计的更多信息，可参阅《化工过程全生命周期本质更安全策略》(CCPS 2009)。

4.3 决策流程

决策流程的形式复杂多样，如4步流程法、9步流程法等，相关研究文献中已有诸多论述。本书依据CCPS先前出版的《精准风险决策工具及在化工过程安全领域的应用》(CCPS 1995)中介绍的风险决策流程，结合《决策的艺术》(Hammond 1999)一书中所述的决策流程，提出一种新的风险决策流程。该流程包含以下步骤:

- 定义问题;
- 评估基线风险;
- 确定备选方案;
- 筛选备选方案;
- 制定决策。

敏锐的读者可能已经注意到，如果组织采用第2.1节所述的风险管理体系，那么在风险分析和风险评估的过程中可能已完成上述流程的第二步。但在有些情况下并非如此，下一章节探讨了这一问题。

4.3.1 定义问题

制定过程风险决策的原因可能包括：在过程危害分析、事故调查中发现问题，意识到当前技术不符合规范，或者是操作人员发现存在持续的过程偏差或控制问题等缺陷。

1998 年莫顿国际帕特森公司新泽西工厂失控反应(Morton International Patterson, NJ plant runaway reaction): 莫顿(Morton)工厂的此次失控反应致使 9 人受伤，并导致周围 10 个街区发布就地避难令。操作员在此前 19 批次的操作记录中均提到“放热反应难以控制”，如果工厂的工程师在审查操作记录时足够细心，能够及时发现问题，就有可能暂停生产并启动风险决策流程(CSB 2000)。

在定义问题阶段，风险决策者应考虑这些问题的目标是什么。显然，满足组织风险标准是其中一个目标。而其他目标可能包括：在规定时间内落实解决方案、确保将成本控制在资金预算范围内、最大限度降低测试和维护成本等。

4.3.2 评估基线风险

有关*风险分析*的内容见第 2.3 节，有关*风险评估*的内容见第 2.4 节。如果企业遵循第 2 章所述的风险管理流程制定风险决策，则无须再评估基线风险。而在前文所述的失控反应案例中，则必须在此阶段进行风险分析和风险评估。

在某些情况下，基线风险评估旨在确定是否需要采取行动，而确定备选方案等后续步骤旨在寻求最佳行动方案。换言之，基线风险评估可以说明采取行动的必要性，而非证明某一特定行动的正确性。

在其他情况下，例如为应对某一事故，即使先前的审查表明风险已满足可接受标准，但仍需在做出风险决策时，重新审查先前的危害识别与风险分析，并从中汲取经验教训，以改进整个危害识别和风险识别流程。

4.3.3 确定备选方案

决策者需确定合理数量的备选方案，并确保在选择并落实某一方案之前，充分了解现有的备选方案。未能确定可行的备选方案，可能导致错失良机。如果企业已完成*步骤 2“评估基线风险”*，则可能已明确目前有哪些备选方案。

备选方案可以通过集体讨论等团队合作方式确定。在组建集体讨论团队时，人员的选择标准应与组织过程危害分析团队相同，并应酌情纳入运营部门的代表，以及具备化学、工程设计、过程控制等相关知识的技术人员。此外，团队中还应包括一名熟悉相关风险评估方法的人员。如需了解有关团队选择的更多信息，可参阅《危害评估程序指南(第 3 版)》(CCPS 2008)。

在确定和评估备选方案时，可能需要对最初的问题定义和目标进行审查。

4.3.4 筛选备选方案

本书剩余内容主要就如何筛选备选方案进行了详细探讨。其中，风险分析和风险评估是两项必不可少的步骤。

逐步筛选方案和备选方案: 在确定一项解决方案是否符合组织的风险标准时，建议在风险分析和评估过程中，首先使用风险矩阵等简单的工具，然后逐步采用更精确的后果和频率分析，并在必要时进行完整的定量风险分析(见第 2.3 节)。

每种备选方案的目标、结果(见第 4.4 节)和权衡取舍(见第 4.5 节)均需要进行评估(Hammond 1999)。这一过程中可以排除一些备选方案。

4.3.5 制定决策

在制定决策时，需要对不确定性、可接受风险以及关联决策的影响进行识别和检验。相关话题详见下文第 4.5 节、第 4.6 节和第 4.7 节。

4.4 目标与结果

每种备选方案的结果都说明其可以在何种程度上满足问题定义阶段所提出的目标。满足组织的风险标准只是最低目标。一些典型的目标包括：

- 风险降低的程度；
- 备选方案的可靠性；
- 资本成本；
- 运营成本（如检查、测试与预防性维修）；
- 事故影响（如伤亡事故、财产损失、清理费用、社区影响等）；
- 成功的可能性；
- 实施时间表。

在《决策的艺术》（Hammond 1999）一书中，作者建议创建一份目标表格。针对上述目标，可以构建如表 4.1 所示的表格，其中的数据仅作示例参考。通过观察，可以推断出方案 A 属于管理性措施（可能是操作员对警报的响应）；而方案 D 可能是一项设计变更，可能是应用某种本质更安全的设计，从而从根本上消减事故风险。

表 4.1 目标和结果示例表

备选方案	A	B	C	D
风险降低程度	10×	100×	100×	1000×
可靠性	90%	99%	99%	99.9%
资本成本	$ 0	$ 100000	$ 10000	$ 1000000
运营成本	$ 1000	$ 5000	$ 10000	$ 0
损害影响	$ 500000	$ 10000	$ 50000	无
社会影响	高	低	中等	无

在筛选备选方案时，某些方案可能因无法满足一个或多个目标而被排除。制定“目标和结果”表格后，可通过表格分析制定决策。

4.5 权衡取舍

在构建目标和结果表格之后，若仍需筛选多个备选方案，则应对这些方案进行权衡取舍。任何方案都不可能尽善尽美。如何就这些目标做出权衡取舍，取决于组织文化、经营理念以及业务体量等多重因素。

以表 4.1 为例，一家全球经营、公众知名度高且市值达数十亿美元的机构可能会选择方案 D，因为消除社会影响相较于高昂的资本成本更为重要。而另一家机构可能会排除方案 D，因为其业务量无法支撑高昂的成本。后者必须权衡方案 A、B 和 C 的不同结果，包括风险降低程度、成本、潜在损害以及社会影响。

权衡取舍的一种方法是评分法。表 4.2 依据各方案能在何种程度上实现各项目标，对四种方案进行了简单排序，1 表示最高，4 表示最低。从表 4.2 可以看出，方案 D 显然为最优方案。然而，这种简单的排序忽略了资本成本的相对重要性。如前所述，一家企业可能无法承受高昂的成本。

表 4.2　备选方案的简单排序表

备选方案	A	B	C	D
风险降低程度	3	2	2	1
可靠性	3	2	2	2
资本成本	1	3	2	4
运营成本	2	4	3	1
损害影响	4	2	3	1
社会影响	3	2	2	1

《精准风险决策工具及其在化工过程安全领域的应用》(CCPS 1995)中介绍了其他一些加权评分法，包括高级层次分析法(AHP)、多属性效用分析(MUA)和简化的多属性效用分析技术(SMART)。

加权评分法可用于评估各项目标的相对重要性。其中一种方法是 Kepner-Tregoe 法(Kepner 和 Tregoe，1981)。该方法首先将目标分为“必要”与“期望”两类。其中，达到或超过可接受风险标准始终是必要目标。其他的“必要”目标可能包括：资本成本不得超过 50 万美元，风险降低程度必须至少达到 100 倍等。任何无法实现这些“必要”目标的备选方案均会被直接淘汰。在表 4.1 所示的案例中，由于方案 A 和方案 D 未能满足该项标准，均被排除。其次，针对“期望”目标，该方法则依据重要性为这些目标赋予 1~10 的权重或排名，其中 10 代表最为重要。最后，根据每种备选方案能在何种程度上达成“期望”目标，分别给予 1~10 的评分。

将每个目标的权重乘以每种备选方案的得分，并将结果相加，得出加权总分，得分最高的方案即为最佳方案。

以表 4.1 中的案例为例，假设该企业非常重视风险规避，并将降低风险排在优先位置，则每个“期望”目标的权重分配如下：

- 社会影响 10；
- 损害影响 8；
- 资本成本 6；
- 运营成本 4。

由于备选方案 B 和方案 C 的可靠性相同，因此在加权时无须考虑这一目标。然后，根据方案 B 和方案 C 满足目标的程度进行评分，表 4.3 所示为最终评分和加权得分。根据表 4.3的评分，方案 B 更优。

表 4.3　表 4.1 示例的加权分数

		备选方案 B		备选方案 C	
目标	权重	分数	加权得分	分数	加权得分
社会影响	10	8	80	6	60
损害影响	8	9	72	7	56
资本成本	6	4	24	9	56
运营成本	4	9	36	8	32
加权得分			212		204

在加权评分法中，真正的决策在于如何确定各项目标的权重并对备选方案进行评分。在权衡社会影响或资本成本等目标时，不应依赖单个人员做出所有决策，而应重视团队合作，纳入企业、业务和运营层面各级代表的意见，从而对相关方案做出全面适当的分析。

4.6　不确定性

不确定性是风险决策中不可忽视的重要因素。为应对不确定性，需要提出以下四个问题(Hammond 1999)：

1. 关键的不确定性因素是什么？
2. 这些不确定性因素可能产生什么结果？
3. 每种结果的发生概率是多少？
4. 每种结果导致的后果是什么？

由于过程风险管理和决策工具所使用的信息均存在诸多不确定性，因此决策本身也存在不确定性。

对风险问题定义不完整：这一问题可能会造成重大误差。若风险问题源自过程危害分析，而过程危害分析团队未能识别出某些危害情景，那么这些风险将无法得到有效控制，并在风险决策中被忽视。为提高识别能力，尽可能识别更多相关情景，过程危害分析团队中应纳入具有操作、维护和工程经验的专业人员。若团队本身缺乏化学、仪表与控制等领域的专业经验，则至少应在必要时咨询相关领域的专家。如需了解关于组织过程危害分析团队的更多信息，可参阅《危害评估程序指南(第 3 版)》(CCPS 2008)。

通过对过程危害分析的结果进行重新验证，或对未遂事件或事故进行调查研究，可以发现此前遗漏的情景。如果在过程危害分析中识别出新的、之前未考虑到的情景，则应审查该情景对现有风险分析的影响，以确定是否需要对分析结果做出调整。

分析未遂事件的一种有效方法是研究防护措施失效的后果。如果相关后果可能影响现有的风险分析，则应对风险分析结果做出调整。

对过程认识不足：不了解过程中可能存在的风险也可能造成重大误差，尤其是对风险决策定义不完整时，问题将更加严重。对化学反应性危害的认识不足便是一个典型案例(参见下文 T2 Laboratories 案例)。例如，如果某组织不了解或无法识别工艺化学品与有机热载体或吸收剂之间可能发生的相互作用，便无法确定是否需要制定风险决策。同样，为提高对潜在危害的识别能力，组建具备多领域专业经验的团队是最为有效的方法。

> 2007 年，T2 Laboratories, Inc.(简称 T2)化工厂在生产甲基环戊二烯三羰基锰(MCMT)过程中发生爆炸事故，导致 4 人死亡，32 人受伤。经美国化学品安全与危害调查委员会(CSB)调查，此次爆炸的根源在于冷却系统失效，进而引发了失控反应。事发前，操作人员曾向公司管理层请求技术支持，而在技术支持人员抵达不久之后，现场就发生了爆炸。CSB 在后续报告中指出，T2 化工厂未能充分认识到 MCMT 生产过程中潜在的失控反应风险。未能识别该危险源，直接导致了冷却系统设计的可靠性不足，且反应器设计中未纳入能够安全泄压的紧急泄放系统(CSB 2009)。

误差范围——后果分析：与频率分析类似，在开展定性后果分析时，过程危害分析团队也可能出现偏差，这种不确定性可能源于两种倾向。一方面，人们不愿低估事故后果(任何工艺危害分析团队都不愿被指责未能识别风险严重性，尤其是在已发生事故验证其危害之后)；另一方面，也可能存在低估风险的情况。由于对工艺危害的熟悉，团队可能因历史事件未造成重大后果而低估潜在风险(但这绝不意味着更严重的后果不可能发生)。

著名统计学家乔治·E. P. 博克斯(George E. P. Box)曾指出："所有模型在本质上都存在偏差，但其中仍不乏有用的模型。"这一观点同样适用于后果分析模型。这些模型在构建时需要依赖诸多假设，而建模者往往难以对所有假设进行调整。例如，大多数扩散模型基本都是开阔场景模型，其中并未考虑建筑物或障碍物对扩散过程的影响。为了更准确地模拟扩散过程，必要时可采用计算流体动力学(CFD)模型。即使如此，模型仍然存在假设，因此通过扩散模型计算出的与关注浓度(如可燃材料的燃烧下限)的差值仅能作为估计值。鉴于此，在制定风险决策或标准时，必须充分考虑到这一点。在处理可燃物质泄漏的情况时，组织可以将相关浓度达到燃烧下限一半的差值作为风险标准。

例如，针对有毒物质泄漏后果的严重程度，可以设定如下标准：浓度超过特定水平(如 ERPG-2[1])的某物质不应扩散至工厂边界以外。如果模型显示，当浓度达到 ERPG-2 指标时，扩散范围恰好在工厂边界范围内，则组织应在做出风险决策前考虑潜在的误差范围。例如，若工厂边界外是空地，则可视为可接受风险，但若工厂边界外存在居民区或交通要道，则应视为不可接受风险。在分析接触有毒物质的可能性时，还需要评估接触时间，例

[1] ERPG-2 是指化学物质满足在一定条件时的空气中最大浓度，在此浓度以下，对绝大多数人在 1h 以内接触化学物质，不会造成不可逆或更严重的健康影响，同时也不会影响个人采取防护措施的能力。

如明确场外对象是长期还是短期接触有毒物质。

误差范围——可能性计算： 在估计初始事件的概率时，可能存在较大偏差，不同结果之间可能存在数量级的差距。如果相关情景的后果较为严重，如涉及人员伤亡、设施损毁或重大公众影响，则应对频率和概率的定性估计进行审慎核查。

保护层分析通常基于数量级进行计算(除非组织使用增强型保护层分析)，因此，初始事件的频率经过四舍五入后可能导致计算值偏高。防护措施的失效概率通常也会四舍五入到特定数值(通常为 0.1、0.01 等)。因此，不同备选方案可能在计算中得到相同的可能性。如果备选方案成本较高，必须考虑初始事件频率或保护层可靠性的计算误差，则可能需要借助故障树分析、事件树分析或定量风险分析，对可能性进行更加精确的估计。

在使用故障树分析、事件树分析或定量风险分析计算频率时，每种分析方法都有各自的误差来源，包括基本事件数据的误差。用于故障树分析和事件树分析的初始事件频率数据应尽可能反映工厂条件，特别是在可用数据有限的情况下。频率数据并非静态不变，可能只反映潜在的系统噪声，因此无法作为可靠的频率数据源。

许多组织并未建立系统性的故障率数据库。在这种情况下，可以使用不同来源的通用数据作为替代方案。无论使用哪种数据来源，用于计算备选方案频率的基本数据应当保持一致，以便比较不同备选方案之间的相对差异。故障率数据的来源包括：

- 英国健康与安全执行局 HCRD 数据集(https：//www. hse. gov. uk/hcr3/)；
- 电气与电子工程师协会金书标准(IEEE 2007)；
- 电气与电子工程师协会标准 500(IEEE 1984)；
- 荷兰国家应用科学研究院紫皮书(TNO 2005)；
- OREDA 海上可靠性数据(OREDA 2015，第 6 版)；
- 工艺设备可靠性数据指南，附数据表(CCPS 1989)。

投资和运营成本： 所有成本估算均存在一定的误差范围。在估算初始资本成本时，可能产生较大误差，以至于两种备选方案的相对成本可能相差无几。随着工程设计工作的逐步深入，误差将逐渐减少。决策者应主动与负责成本估算的人员沟通交流，充分了解成本估算中存在的不确定性。

剩余风险： 风险无法降低为零，因此，即使采取了有效的风险降低措施，仍会存在剩余风险。企业需要评估剩余风险是否在可接受范围内，以及是否需要进一步降低风险。这正是“最低合理可行”原则要求持续降低风险的原因。企业应采取一切合理可行的措施降低风险。如果某工厂在特定单元实施风险决策后，通过定性风险矩阵分析，发现其他单元存在风险更高的事故情景，则优先降低这些风险才是合理的风险决策。

4.7 可接受风险

关于如何定义可接受风险，英国健康与安全执行局认为，“……‘可接受’并不等于‘允许存在’。相反，可接受风险是指整个社会愿意承担某种风险，以便在确信这种风险可以承受且得到妥善控制的情况下获得某些利益。然而，这并不意味着每个人都愿意无条件承担或被迫承担这种风险”（HSE 2001）。

制定风险决策时应当考虑这一点。尽管已建立可接受风险标准，但在某些情况下，组织仍需根据其他参数对最终风险决策进行审查。

组织应考虑所在地曾发生的历史事件，即使这些事件与组织并无直接关系。请思考以下事故案例：

> **2014 年西弗吉尼亚州（West Virginia）自由工业公司（Freedom Industries）环境泄漏：** 约 28.39m^3（7500gal）的 4-甲基环己烷甲醇（MCHM）从储罐泄漏到地面，最终流入西弗吉尼亚州埃尔克河（Elk River），离当地水处理系统的取水口上游约 1mile。此次污染导致约 30 万居民无法获取饮用水。

以上述自由工业公司泄漏事故为鉴，如果组织必须就河流（如西弗吉尼亚州埃尔克河）附近的工厂制定风险决策，可能需采用更严格的泄漏控制标准，因为如果发生类似事故，必然会引起公众愤怒甚至强烈的抵制活动。

如果工厂邻近公共敏感区域，则必须进一步评估可接受风险。如果周边建有其他化工、石化或工业场所，则在做出最终决策时可考虑制定应急响应协议。如果周边建有居民区、学校、医院等设施，组织可能需要考虑采纳更严格的可接受风险标准，并且/或者不应将应急响应措施纳入风险抵消计算。

4.8 关联决策

关联决策是指可能对未来决策产生影响的决策。以下是过程工业领域可能涉及的关联决策：

- 化学品和溶剂的选择；
- 单元操作的选择；
- 位置和布局的选择；
- 风险降低方案的选择。

在分析关联决策时，首先要识别未来哪些决策可能与初始决策相关联。例如，某组织的研究部门可能正在研究更换某种化学/工艺溶剂，以便对工艺进行改进。在针对现有工艺制定的风险降低备选方案中，一种方案可能不支持这一变更，而另一种方案可能支持该变更。为化解这种困境，在权衡取舍时可以将对未来变更的影响纳入考量目标。另一种方法则是推迟做出决策，为研究团队留出更多时间完成研究。

对大规模组织而言，识别关联决策的关键在于与决策相关部门进行有效沟通，包括研究部门、工程部门、运营部门、业务部门和集团总部。

4.9 决策树

决策树可以帮助决策者处理不确定性和关联决策。决策树与事件树类似，但决策树的一个节点可能包含两个以上的分支。图 4.1 所示的决策树研究了表 4.1 中备选方案 B 和方案 C 损失估计值的可能分支。该决策树使用非常简单的后果/影响模型，因此可假设每种备选方案的损失估计值增加了 50%。

从图 4.1 可以看出，备选方案 B 的最大损失低于备选方案 C 的最小损失，而且备选方案 C 可能导致更严重的损失。基于这些假设，两种备选方案在损失程度方面的差异显而易见。在某些情况下，每种备选方案的一些潜在损失值可能相同，对此，决策团队需要初步了解所有最终情景（A~F）发生的概率。为解决这一问题，决策团队需要咨询负责计算每种备选方案频率、后果或成本的专业人员，以便预估每个分支发生的可能性。

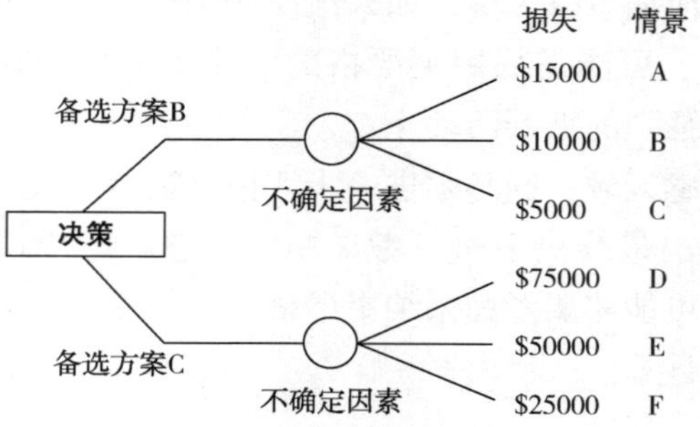

图 4.1　损失影响决策树

风险决策团队可以使用相同方式，通过扩展决策树来评估关联决策。例如，可以在第一个决策的后果分支末尾添加关联决策，同时标注该项决策的相应后果。尽管无法确定每个分支的概率，但决策树可以直观地展示决策备选方案及其结果，为决策团队提供帮助。

有关基线风险评估的内容见第 2 章。在确定备选方案的过程中，需要保持开放的心态。许多风险决策都有一个共性问题，即组织可能会默认选择第一种备选方案。

在筛选备选方案时，可以评估每种方案的后果，并确定如何就多个相互竞争的后果做出权衡取舍。决策团队需要考虑后果评估过程中存在的不确定性，并识别可能与当前决策相关的未来决策。

在对备选方案的后果、不确定性和关联决策进行权衡取舍时，加权评分法和决策树等工具可以提供帮助。

5 决策制定

5.1 确定决策问题

与过程安全相关的决策问题可能涉及多个方面，包括：工艺偏差纠正措施、工艺变更、危害评估结果[如假设分析(What-If)、检查表审查、危险与可操作性分析(HAZOP)、工厂选址、变更管理审查]、审核或检查结果、事故调查结果[如根本原因分析(RCA)调查]、工艺设计备选方案、收购或合并后需要对工厂进行升级改造等。

在许多决策问题中，除过程安全考量因素以外，还需要考虑其他多个方面的因素，包括但不限于：对运营成本和投资成本的影响、维护设备可靠性、新增安全装置导致工艺复杂性增加、潜在事故的后果以及时间限制。这些问题即构成前文第 4.4 节“目标与结果”中所述的目标清单。因此，在制定风险决策时，可能需要平衡安全、环境和业务风险的优先级。需要考虑的因素越多，决策问题就越复杂，所需的决策工具也越精细。

本书将决策问题分为三种类型，即：(1)快速和/或简单决策；(2)中级决策；(3)复杂决策。这三种决策并没有明确的区分，其复杂程度依次递增。

快速和/或简单决策： 快速决策的特点是需要迅速采取行动。例如，决定是否关闭某个工艺过程。此类决策看似简单，但如果未能及时执行，可能会导致严重后果。在制定快速决策时，可能仅有少量备选方案可供选择。例如，为纠正工艺过程偏差，可以考虑采取冷却、停止进料或在相关批次中添加抑制剂等措施。快速决策可以与其他人员协商制定。

简单决策的特点是备选方案数量少，理解难度低，而且不存在时间限制问题。简单并不一定意味着风险低。简单决策可以与其他人员协商制定。某些设计决策(例如使用哪种压力泄放装置)可被视为简单决策。

中级决策： 中级决策是介于简单决策和复杂决策之间的一系列决策。中级决策和复杂决策之间存在一定的模糊区域，二者难以明确界定。中级决策具备若干不同特征。

实施时间： 中级决策无法在短时间内做出，可能需要花费数小时到数月的时间。

审批级别： 复杂决策通常可能涉及多个团队，决策者可能是组织的高级管理层，例如业务经理或更高层的管理人员。中级决策则可以在较低层级做出，例如运营部门或工厂(如区域或工厂经理)或技术部门(工程或研发管理部)。审批级别通常与所涉及的运营费用或

资本成本有关。

参与人数：参与决策的人数与审批级别直接相关。中级决策可以由单个或多个人员作出。决策级别可能较低，可以由小规模团队负责，如运营部门、制造工厂、员工或公司工程部或研发部门。

定性与定量：中级决策可能需要使用各种定性和定量风险评估工具，包括风险矩阵或保护层分析，某些情况下可能需要进行后果建模分析。

中级决策的例子包括：

- 落实危害评估、变更管理、审核或事故调查建议(例如安装联锁装置或纠正/更新操作规程)；
- 变更单元操作；
- 调整人员配置(如人力、轮班时长)；
- 安装新设备；
- 新建厂房和调整设备布局；
- 升级控制系统。

复杂决策：复杂决策的特点是备选方案数量多，通常需要投入较高成本，且需要权衡多个相互竞争的目标和结果。筛选解决方案需要大量信息和时间来获取相关数据，有时还需要分解为多个分步决策。复杂决策通常需要对后果和/或频率进行量化分析(即定量风险分析)。此类决策要求团队共同合作，需要业务部门和公司管理层、工厂各部门(生产、工程、安全、维护)、公司员工(工程师和科研人员)等各级人员的协商和参与。

复杂决策的例子包括：对现有工艺进行重大改进或升级；生产场地搬迁(如委托生产)；关闭生产单元；决定是否采用可能对现场或场外人员构成风险和/或可能造成重大业务风险的工艺。

表5.1总结了以上三类风险决策的特点。

表5.1　决策特征

快速决策	简单决策	中级决策	复杂决策
单一事故情景 时间有限 (可能只有两种选择)	备选方案很少 备选方案成本低 事故情景易于理解 目标和结果很少或较简单 几乎无须权衡取舍 无关联决策(多米诺效应) 可以基于工程判断或经验(或通过团队投票)作出决策	备选方案数量较少 备选方案成本低/较低 目标和结果较少 需对目标进行简单的权衡取舍 可能存在关联决策或造成多米诺效应 需要使用基本的决策工具	多个事故情景 备选方案数量较多 备选方案成本高 高风险备选方案 目标和结果较多 需对目标进行复杂的权衡取舍 可能造成多米诺效应 对未来决策有影响 需要使用复杂的工具来评估备选方案

5.2 选择决策工具

5.2.1 风险分析工具筛选

在选择风险评估工具时，应优先选择最简单的工具。建议按照以下顺序进行筛选：

- 通过工程判断或定性风险矩阵进行定性危害评估(如假设分析、危险与可操作性分析、失效模式与影响分析)。
- 半定量分析：
  - 危害评估方法(如与定性或半定量风险矩阵结合的假设分析、危险与可操作性分析、失效模式与影响分析)；
  - 保护层分析(美国)或风险图(欧洲)。
- 定量方法：
  - 后果分析；
  - 可能性定量分析(故障树分析、事件树分析)；
  - 原因-后果分析；
  - 定量风险分析。

分析不充分可能会导致错误定性，将复杂的决策划简单化处理，进而可能造成严重后果。

Bridges 和 Dowell(2016)指出，定性分析适用于95%的风险决策，半定量分析适用于5%的风险决策，定量分析适用于0.01%的风险决策。定性评估必须由具有相应资质的团队执行，以确保最终结论的有效性，而且定性评估不适用于需要对后果进行建模分析的工艺(如美国环境保护署的风险管理计划管控的设施或挪威的近海设施)。对于上述 Bridges 和 Dowell 指出的具体百分比，过程安全专家可能会持不同意见，但大多数人士均认同其基本理念：大多数风险决策(约80%~90%)适合采用定性危害分析，5%~18%的风险决策可能需要使用半定量分析方法，少数风险决策(2%~5%)则需要使用定量分析方法。

决策者或决策团队可能需要逐步使用愈加精密的工具，以循序渐进的方式进行分析。

5.2.2 决策工具选择要素

在选择决策工具时需要考虑的因素包括：

- 制定决策所需的时间。
- 制定决策所需的审批级别。
- 制定决策所需的资源(人力)。
- 事故情景潜在后果的严重程度和风险受体：
  - 是否包含对场外对象的影响；
  - 安全、环境、业务、声誉等各方面。
- 决策的复杂性：
  - 备选方案的数量；

  - 决策结果的类型(第 4.4 节);
  - 关联决策;
  - 实施要求(实施所选备选方案所需的资源);
  - 对未来的影响(属于短期问题，还是关乎公司未来发展方向的长期问题)。
- 地方性法规的影响。

上述大部分因素与决策问题的类型属性(即简单、中等或复杂)相一致。

快速和/或简单决策：如前文所述，决定如何处理工艺偏差属于快速决策。操作人员和一线主管在工作中遇到工艺偏差(如泄漏、仪表和设备故障或工艺超出正常运行范围)时，解决这些问题可能只需要几分钟时间。操作人员往往更关注生产损失带来的成本，却对后果的严重程度缺少认知。对于一些快速、简单的决策，应提前制定故障排除或偏差后果检查指南/检查表。制定此类指南时，可使用第 2 章所述的相关风险分析和决策工具。在某种意义上，制定故障排除指南属于中级决策。纠正工艺偏差要求对操作人员和生产工程师开展多项培训。实训和桌面演练均是重要手段，有助于确定是否需对培训方式做出调整。如下文所述，埃索朗福德(Esso Longford)爆炸事故案例说明了培训不足如何导致决策失误。

> **埃索朗福德(Esso Longford)天然气厂爆炸(AUS 1998)：**一次泵跳闸导致流向换热器的热贫油流中断，使换热器温度迅速下降至-48℃(-54℉)，造成外壳脆化。重新向换热器引入热油导致其破裂，可燃物泄漏，从而引起爆炸。引发此次事故的关键在于热贫油流的中断，但由于工厂未进行任何危害评估，操作人员并未意识到这一点。如果事先通过危害评估编制故障排除指南，本可以避免这一事故。详见《过程安全事故解析》(CCPS 2008a)。

例如，工艺工程师可能需要依据公认并被广泛接受的良好工程实践(RAGAGEP)或内部设计标准(可参考 RAGAGEP)制定设计决策(类似于操作人员故障排除指南)，这是一种简单、快速的决策。然而，在应用各类标准或规范前，必须考虑其适用范围的全面性。即使在符合标准和规范的情况下，仍需做出风险决策，许多规范仅代表最低要求，可能无法满足组织的可接受风险标准。

> *公认并被广泛接受的良好工程实践*是开展工程、操作或维护活动的基础，其依据来源于既定的规范、标准、已发布的技术报告、推荐做法(RP)等文件。公认并被广泛接受的良好工程实践详细规定了执行特定工程、检查机械完好性的公认方法，例如容器制造、储罐检查或者泄压阀维修。(根据 CCPS 定义)

在工厂或企业的技术应用过程中，遵循公认并被广泛接受的良好工程实践，有助于做出许多设计决策。通过识别和记录适当的良好工程实践，企业可以将大量简单的设计决策标准化。在制定良好工程实践时，企业可以应用第 2 章和第 4 章中介绍的任一风险分析工具和决策辅助工具。

中级决策：第 5.1.1 节列举了几种类型的中级决策。

在这些中级决策中，问题的复杂性和事故情景的后果严重程度各不相同(从轻微到灾难性)。第 2 章所述的所有风险工具均可作为参考。关于如何选择所需的风险工具，可以参考本节开头列出的筛选因素。

如果有充分依据证明需进行定性风险分析，则可以使用风险矩阵或工程判断。

如果组织使用定量风险衡量标准，则适用的中级决策工具包括定量风险矩阵、后果建模、失效模式与影响分析、保护层分析、风险图、故障树分析和/或事件树分析。如果需要使用后几种工具，相关决策应划分为复杂决策。选择使用哪种工具，具体取决于决策的考量范围和复杂程度。例如：

- 如果决策仅涉及事故情景的后果，则决策者可以使用后果建模分析。
- 如果后果是已知的或无须详细的量化分析，则可以使用定量风险矩阵、保护层分析或故障树分析等频率分析工具。
- 如果一个事故情景有多种潜在后果，并且需要分析每种后果的可能性，则可以使用事件树分析(或者对每种后果进行保护层分析)。

请记住，决策类型和决策工具的使用需要循序渐进。在某些情况下，可能需要首先使用最简单的风险工具，然后逐步采用更为复杂的风险工具，直至能够获取充分信息，以支持做出正确的决策。

在制定中级决策时，决策者或决策团队可以逐步采用第 2 章和第 4 章中所述的所有决策工具和步骤。

复杂决策： 如前文所述，复杂决策可能需要进行完全定量风险分析。组织可能在使用中级决策部分所述的各种风险工具制定风险决策后得出这一结论，也可能在一开始将某项决策划分为复杂决策，并选择直接进行定量风险分析。评估结果时可能需要使用加权评分工具，并从安全、环境、业务风险方面考虑不同备选方案的优先级。例如，在大型液化天然气液化设施的设计初期，可能需要进行初步的定量风险分析，以做出基本的过程安全决策，而在设计后期需要进行精确的定量风险分析，对相关决策进行验证，并识别其他问题。咨询专业的定量风险分析公司有助于做出客观评估，从而提高决策的可信度。

5.3 整合适当的评估资源

为支持做出良好的决策，需要分配适当的资源、人员、工具和时间。

5.3.1 团队成员

决策团队的人数和成员组成取决于决策的类型。与过程危害分析(PHA)团队(CCPS 2008)一样，决策团队成员应具备分析问题和确定解决方案所需的技能，以及授权实施决策团队建议所需的职权等级。

决策团队中应纳入利益相关方，即可能受到风险决策影响的人员或组织。例如，工程、运营、维护、安全、健康和环境管理人员等生产和工厂利益相关方，以及业务相关人员。此外，决策可能对当地社区造成影响，因此决策团队中应纳入一定数量的社区代表，如关注企业和社区最大利益的公司或工厂代表，或者地方应急规划委员会(LEPC)或社区咨询小组(CAP)的代表。根据相关决策的复杂程度，可能还需要纳入内部或外部的技术专家。团队成员组成应当与风险等级和潜在解决方案的复杂性相适应，并应包含掌握风险评估工具和方法的人员。

快速或简单决策：仅需要一到三名决策者。例如，一名工厂工程师和一名可靠性工程师可以决定是否使用备用泵，该决策的审批级别可能是工艺工程师或部门经理等地方管理层。工艺工程师和控制工程师可以决定哪种仪表适合控制回路，该决策的审批人可能是高级过程安全工程师或工程经理。如果制定决策需要超过三名决策者，则表明该决策比最初预想的更加复杂。

中级决策：要求进行更加精确的分析。此类决策需要建立小规模决策团队。在工厂中，有关如何处理停滞反应的决策涉及工厂工程师、工艺化学家、工厂的安全健康环境(HSE)经理和部门经理，其中部门经理可能拥有最终审批权。有关设计方案的决策则可能涉及工艺和项目工程师、工厂工程师和过程安全专员。

复杂决策：需要建立较大规模的决策团队。使用风险分析工具，尤其是定量分析方法(如故障树分析、事件树分析或定量风险分析)，需要咨询相关专业人员。如果该人员是外部承包商，则需要安排一名内部过程安全代表，以确保遵守公司的风险标准和方法。由于不同方案可能涉及不同的资本成本和运营成本，团队中需要纳入一名具备资本成本估算和现金流分析能力的成员。涉及不同设计方案的决策则需要一名工艺工程师。如果决策涉及工厂的增建或扩建，则需要一名工厂工程和生产代表。

在组建决策团队时需要考虑以下几点：

- *资本或支出费用。*涉及资金的审批级别有多高？团队可能需要包含一名审批人员，或一名相关代表。
- *决策工具。*选择哪种决策工具，简单还是复杂的决策工具？团队可能需要一名掌握相关决策工具的专家。
- *现场和场外影响。*安全风险和/或环境风险是否会对当地产生影响？例如，相关风险仅涉及某部门的1~3名人员，还是会影响附近建筑物内的多个人员？场外人员是否面临风险？附近是否有学校或护理机构等敏感区域？溪流、河流或通航水道是否会受到影响？评估场外影响可能需要一名公司总部代表。
- *后果。*后果是最坏情况还是最大可信事件？这些后果是否可逆？是否为需要特别关注的高后果低概率事件？(许多企业均针对高后果低概率事件或灾难性事件建立了特殊决策流程。)
- *可能性。*初始事件是否属于极低频率事件(即超出正常经验的范围)？如果是，可能需要对频率进行更加系统性的定量估算(如保护层分析)。如果制定风险决策的依据是真实发生的事故，那么团队和组织可能需要重新评估某些事件发生的可能性。这一问题涉及对决策工具的选择，因此团队可能需纳入一名掌握相关工具的专家。
- *业务中断。*预计业务损失是可以迅速恢复的轻微损失(单个或少数设备)，单元范围内的中度损失(多个设备)，还是整个工厂范围的损失(多个单元/建筑物受损)？

- *企业形象*。企业对公众形象的重视程度如何？重大事件是否会对企业声誉及其开展业务或发展业务的能力造成潜在影响？

随着后果或风险的严重程度增加，决策所需的组织审批级别也越高。团队应纳入一名组织代表，或者至少与相关的组织代表制定沟通计划。此外，在某些情况下，由于涉及一些复杂的风险评估，发现风险后可能产生潜在的法律责任，因此可能需要向公司法律部征求意见。

对于复杂的风险决策，在采取行动之前，经团队审批后的决策必须交由包括跨学科成员在内的高级别团队进行审批。使用这种方法可以减少*群体思维*问题(见第 6.8 节“群体思维陷阱”)，即人们为达成共识和避免冲突而服从群体意见，进而导致决策失误。半定量(如保护层分析)或完全定量(如定量风险分析)等定量分析方法均有助于减少群体思维问题。复杂的风险决策，特别是涉及严重后果的决策，不应单纯依赖于个人判断。

案例研究：一家企业需要扩大特种化学品生产线的产能。负责该项目的业务部门在两家工厂拥有生产能力，并计划将所有生产线整合到一家工厂。为此，A 厂需要进行大规模改造，以便在现有装置中加装工艺，该项目由 A 厂的工程小组负责监督。B 厂则需要新建一条生产线，该项目由企业总部的工程部门负责监督。

团队成员包括各工厂的单元工程师、业务部门研究小组的研究工程师、企业总部工程小组的工艺工程师和一名经济分析师。最初，团队成员中不包括过程安全代表，因为每种方案均可能存在相同的过程危害。该团队负责向业务经理汇报工作。改造 A 厂的资本成本更低，扩建 B 厂的运营成本更低。现金流分析无法得出明显的“优选方案”，决策一时难以定夺。最终，该团队认为，新建一家专门运行特种化工工艺的工厂，与在现有装置上加装设备的做法相比，能显著提高运营效益，有助于确保顺利运营，并有望提高生产质量。该团队还认为，进入详细的设计阶段后，有望采用本质更安全的设计方案。

5.3.2 启动会议

在制定中级决策和复杂决策时，需要召开启动会议，因为此类决策通常涉及具有不同技能与背景的人员，他们可能对决策问题持有不同看法。此外，在启动会议上还需要说明决策问题的性质，并可能需要纳入最终决策负责人的意见。尽管最终决策者已经对问题作出初步定义，决策团队仍需对问题定义进行审查，以避免陷入第 6.6 节所述的框架陷阱。

除了说明决策问题，在启动会议上还可就决策截止日期、团队可用资源、资本成本限制等约束条件进行初步讨论。

如果团队计划使用本书所述的决策流程，则建议在介绍并说明相关问题后，在启动决策流程前回顾第 4.3 节所述的决策流程和第 6 章所述的决策陷阱。如果决策涉及现有的工艺单元或工厂，则可能需要进行实地考察(在前文所述的案例研究中，团队在启动会议期间对两家工厂进行了考察，因此会议持续了两天。)

在启动会议上(或必要时召开第二次会议)，团队可以定义问题(第 4.3.1 节)并确定备选方案(第 4.3.3 节)。根据时间安排，团队也可以选择在第二次会议上完成该项工作。定义问题并确定备选方案，有助于明确筛选备选方案所需的工具。此时建议重新评估团队的成员组成，并确定是否需要纳入其他人员。例如，如果团队认为需要使用更复杂的风险分析工具，如故障树分析/事件树分析或定量风险分析，可以邀请掌握相关工具的专家加入团队，或在必要时向其咨询。团队需要就这一问题做出决策。此外，团队应向最终决策者指出决策中遇到的问题，如完成所需工作的时间和资源有限(可能需要外部行业专家进行定量风险分析)。

团队还可以在启动会议期间确定使用的决策方法，如目标/结果表、简单排序表、加权评分法等(第 4.4 节和第 4.5 节)。

5.3.3 工具/方法

组织应按照从简单到复杂的顺序，统一规范地使用各类工具，并就何时使用更复杂的工具提供指导。如果组织内部人员缺乏使用复杂工具(如故障树分析或定量风险分析)所需的专门知识，可能需要纳入具备技术专业知识的外部顾问。有许多咨询公司专门从事过程安全风险计算，不同公司所使用的分析工具可能略有不同。如需与这些第三方公司签订合同，组织应确保其了解组织的风险和决策标准，并在不同研究中使用统一的输入数据和假设。

5.3.4 时间

决策工具和决策越复杂，完成分析所需的时间可能也越长。组织必须制定相应计划，确保决策人员有充分的时间进行分析和选择。如果需由外部顾问参与研究，组织必须提供内部资源支持，以便提出意见、解答疑问，并对分析结果进行审查。因此，在考虑任何时间限制时，应综合考虑决策人员的优先事项、所使用的工具类型等因素。

5.4 确定决策标准

5.4.1 过程安全风险标准

第 2.4.2 节介绍了定性和定量风险标准。决策者或决策团队需要决定适用于相关决策的风险衡量标准，以及其他目标的衡量标准(第 4.4 节)。在某些情况下，组织可能已经预先制定这些标准，而在其他情况下，则需要决策团队制定这些标准。

若采用基于后果的标准，组织可根据设备泄漏(LOPC)确定严重性(或后果)标准。基于后果的标准(第 2.3.1 节)可以采用定性标准(高、中、低)。例如：

- 高标准——可能覆盖/影响整个工厂或设施(和/或造成场外影响)的大量可燃或有毒物质泄漏，例如设备破裂、大型管道泄漏或长时间未发现的泄漏。
- 中标准——可能影响某个单元的中等规模的可燃或有毒物质泄漏，例如由于法兰失效、泄压阀开启等引起的泄漏。
- 低标准——只影响附近区域的小规模释放/泄漏。

基于后果的标准也可以是定量标准，例如规定释放速率或释放量。根据物质的化学和物理性质(如可燃性和毒性)，可以制定基于物质估计释放量的标准。表 5.2[摘自《保护层分析》(*Layer of Protection Analysis*，CCPS 2001)]所示为根据释放量和危害特性制定的基于安全后果的风险标准，适用于危害评估或风险矩阵。表 5.3 举例说明了基于业务后果的风险标准。从两个表中可以看出，后果越严重，分配给每种后果的数字也越大。这些数字本身没有任何意义，有些企业可能使用罗马数字（Ⅰ－Ⅴ）或字母（A－E）来表示。

表 5.2 物质释放后果分级示例表

释放物特性	屏障外释放量（单位：磅②）和分级					
	1~10	10~100	100~1000	1000~10000	10000~100000	>100000
剧毒，温度高于 BP①	3	4	5	5	5	5
剧毒，温度低于 BP 或高毒性，温度高于 BP	2	3	4	5	5	5
高毒性，温度低于 BP 或易燃，温度高于 BP	2	2	3	4	5	5
易燃，温度低于 BP	1	2	2	3	4	5
可燃液体	1	1	1	2	2	3

① BP——沸点。

② 1 磅＝0.45kg。

表 5.3 业务影响后果分级示例表

后果特性	损失大小和分级					
	备用的或不必要的设备	工厂停运 <1 个月	工厂停运 1~3 个月	工厂停运 >3 个月	容器破裂 3000~10000gal 100~300psi	容器破裂 >10000gal >300psi
生产主要产品的大型设备的机械损坏	2	3	4	4	4	5
生产次要产品的小型设备的机械损坏	2	2	3	4	4	5
事件总成本	0~10	10~100	100~1000	1000~10000	>10000	
等级	1	2	3	4	5	

若采用基于影响的标准，组织可根据事故影响制定风险标准，例如死亡人数，环境影响程度，在特定事故情景下或某一单元或工厂内可接受的、因设备损坏造成的经济损失或生产损失等。基于影响的标准可以通过判断分为高、中、低等定性标准，但大部分情况下均采用半定量标准。

如果采用定性标准，如图 2.2 中的风险矩阵，则需采用判断的方式，根据后果或基于影响的标准来评估影响发生的概率。

如果采用定量标准，与基于后果的标准相比，基于影响的标准需要进行更多计算，以便确定接触概率、着火概率、接触后的死亡概率等因素。但在制定定量标准时，还需要考虑对当地的影响。第 10 章介绍了部分现行的定量风险标准。

5.4.2 其他标准

有关其他决策标准的内容详见第 4.4 节“目标与结果”以及第 5.3.1 节“团队成员”。企业必须依据实际情况建立其他标准，除非已制定适用于全公司范围的统一标准。

5.5 制定决策

5.5.1 决策辅助工具的特点

有关决策辅助工具的内容详见第 4 章。以下按照复杂性由低到高的顺序概述了不同的决策辅助工具。

工程判断： 具有相应资质的危害评估团队、工程师或操作人员能够根据经验做出正确的决策。

标准/公认并被广泛接受的良好工程实践(RAGAGEP)： 第三方标准、公认的 RAGAGEP 和企业内部的 RAGAGEP 是基于特定技术领域专家的经验制定的良好工程实践。这些实践经过长时间的积累与检验，代表了优质的工程判断，可以为缺乏经验的决策者提供有价值的参考。

目标/结果表： 相关内容详见第 4.4 节。目标/结果表包含决策目标，以及每种备选方案实现目标的结果。在许多情况下，对照目标/结果表进行检查有助于做出正确的决策，或者至少能够排除部分备选方案。

目标/结果简单排序或加权评分： 如无法通过简单的目标和结果表作出最终决策，则必须使用排序系统对剩余的备选方案进行评估。制定排序表需要判断不同结果的相对重要性，即进行权衡取舍。

5.5.2 决策工具、决策辅助工具和决策标准的应用

应用决策工具的第一步是定义问题的性质和复杂性，并确定备选方案，然后制定决策标准。以下举例说明了复杂性为低、中和高三种不同程度的决策。

快速和/或简单决策： 该事故情景为液位控制回路故障导致易燃物质从储罐溢出。溢出物质中的可燃蒸气云遇到点火源会导致闪燃或爆炸，如果操作人员位于受影响区域，可能会造成伤亡[该情景曾发生在英国邦斯菲尔德的汽油储存站和波多黎各加勒比石油公司(CAPECO)的油库，这一事故情景虽看似简单，但最终引发大面积爆炸，并对设施造成了严重破坏]。备选方案可能包括使用硬接线高液位开关、高液位切断安全仪表功能，或安排操作员对独立于控制回路的高液位报警采取应急措施。适用于这种情景的决策工具包括既定的设计规范(RAGAGEP)或风险矩阵。上述每种方案均可能涉及多个保护层的选择，包括高完整性的高液位切断(如安全仪表功能)，每个保护层的设计均需要进行不同程度的精确分析。

中级风险决策： 该事故情景是半间歇反应器中发生的放热失控反应，其中一种反应物与催化剂在指定的温度范围内与另一种反应物共进料到容器中。反应器的温度通过控制进

料速度和冷却速率进行维持。失控反应会导致容器超压，进而可能破坏反应器并造成多人死亡。过程危害分析团队可能会分析以下几种可能的事故情景：

- 冷却系统失效或冷却不足；
- 进料控制回路（包括温度传感器、质量流量计和控制阀）故障导致反应物和催化剂溢流；
- 搅拌系统失效（导致未反应物质积聚，达到一定程度后发生反应）；
- 进料控制回路故障导致低温（进而导致未反应物质积聚后发生急速反应）；
- 催化剂流量不足或中断（导致未反应物质积聚后发生急速反应）；
- 催化剂质量差（如受到污染或超过保质期）。

紧急泄放系统可以安全缓解高温情景（上述前两种失效模式）引发的失控反应，但可能导致有毒副产物泄漏。在反应未按预期进行的情况下（上述后四种失效模式），若进料积聚超过25%，泄放系统将无法安全缓解由此引发的失控反应（此类情景在硝化反应中十分常见）。

上述情景至少涉及两项风险决策：

*热失控事故情景：*为降低失控反应发生的可能性，在结合使用紧急泄放系统的同时，需要使用哪些保护层，才能满足防止容器破裂的风险标准？处理紧急泄放系统泄漏的有毒物质需要采取哪些措施（如有）？

在完成反应热和压力上升速率等过程计算后，可以使用保护层分析或故障树分析来确定和评估备选方案，以降低潜在事故情景导致容器破裂的可能性，从而达到风险标准。对于紧急泄放系统的有毒物质泄漏问题，组织可以选择采取以下方案：

- 使用保护层分析或故障树分析，通过增加足够的保护层，将泄漏发生的可能性降低至风险标准以下；
- 使用故障树分析和事件树分析，研究泄漏的后果和处理方案，以确定能否降低后果的严重程度，使其满足风险标准，从而降低泄漏造成的死亡风险。

*反应物积聚失控事故情景：*为消除或降低发生失控反应的可能性，在不依赖紧急泄放系统的情况下，需要使用哪些保护层，以满足风险标准？可选方案包括：

- 仅在反应器设计压力足以控制目标反应的情况下进行反应（一种本质更安全设计方案）；
- 将事故情景发生的可能性降低到可接受的水平（根据美国机械工程师学会《锅炉及压力容器规范》第 UG-140 节的规定，如果事故情景发生的可能性降低至组织可接受的较低水平，则组织可以通过系统设计实现超压保护，无须配置紧急泄放系统）；
- 安装更大尺寸的泄压喷嘴或增设泄压喷嘴，以降低超压的风险；
- 设计一种反应抑制系统，注入可使反应停止的物质。

如果组织选择上述后三种方案，则可以使用保护层分析或故障树分析确定需使用哪些保护层，以满足风险标准。由于保护层分析通常使用数量级进行分析，为了更准确地识别并量化所需的保护层，组织还可以选择开展故障树分析。

复杂风险决策：复杂风险决策可能涉及炼油厂和石化厂等场景。此类工厂涵盖催化裂化、热裂化、重整、异构化、聚合反应等诸多工艺过程，涉及易燃材料(如天然气、汽油、丙烷)的处理和储存，且可能产生氢氟酸、硫化氢(许多炼油过程的副产物)、氨、氯等有毒物质。许多炼油厂和石化厂，如大型液化天然气工厂，均毗邻居民区或综合区，因而存在潜在的场外风险。这些工厂需要做出大量的风险决策，其中部分决策可能涉及不同单元的相互联系或单元内部的循环使用流程(如肥料生产)。因此，对风险决策进行优先级排序至关重要。

其中一项复杂风险决策，可能是炼油厂烷基化工艺中硫酸(H_2SO_4)和氢氟酸(HF)的选择。氢氟酸烷基化工艺使用的酸较少，而且大部分酸可以补充和回收。硫酸烷基化装置则使用大量的新制酸，而且需要对废酸进行回收。氢氟酸还有其他一些加工优势，例如可以与更广泛的原料一起使用。

氢氟酸是一种高危害的物质。虽然硫酸会造成酸性灼伤，但应急措施与其他酸性物质相同，可以通过清水冲洗来缓解。而氢氟酸若不及时处理，可能会穿透皮肤和肌肉，甚至侵蚀骨骼。此外，手掌大小的皮肤区域接触氢氟酸就可能致命。氢氟酸不能用水冲洗，需要使用葡萄糖酸钙等进行专门处理，以防止酸灼伤。使用氢氟酸需配备非常特殊的处理方案。然而，如果企业不能生产硫酸，或回收后的酸无法在现场处理，那么使用大量硫酸可能会造成运输风险，对公众安全构成威胁。

在前文所述中级风险决策部分的失控反应案例中，如果将该案例中单一用途的独立工厂更改为大型设施内的厂房，决策可能变得更加复杂。反应器超压可能会影响到相邻的机组，造成多米诺效应。例如，即使紧急泄放系统释放有毒物质，也可能危及相邻设备的操作人员，迫使其提前采取停车措施。或者，假设原先位于偏远地区的工厂现迁至居民区附近，其所涉及的风险决策将变得更加复杂。

5.5.3 识别和处理不确定性

第4.6节介绍了风险决策工具中不确定性的来源。在决策中使用风险决策工具时，决策者或决策团队需要识别并处理这些不确定性。

对风险的定义不完整：对于通过过程危害分析做出的风险决策，需要对过程危害分析进行审查，以检查其分析范围，了解相关的决策者背景及其是否具备工艺过程技术相关的专业知识，并对过程危害分析的整体质量进行评估。过程危害分析质量评估检查表见《重新验证过程危害分析》(*Revalidating Process Hazard Analysis*, CCPS 2001a)。

在审查过程危害分析时，需特别注意“不可信”这一描述。在某些情况下，如果团队认为某一事故情景不可信，可能是因为其可能性很低，超出正常经验的范围。这属于与预测和过度自信有关的决策陷阱。有关决策陷阱的内容详见第6章。

极低频率事件与不可能事件之间并没有非常明确的界限(除非团队使用“不可信”来表示物理上不可能)。过程危害分析团队难以预测、也无法预测低频率/高后果事件的可能性。这正是使用保护层分析、故障树分析、事件树分析、定量风险分析等工具的意义所在。请谨记，如果过程危害分析中出现“不可信”这一描述，风险研究团队应加强警惕。

如果过程危害分析团队缺乏工艺过程相关知识，则应认为该团队不合格。只有极少数工艺事故涉及全新的、此前未被发现的诱导因素，如新的化学机制或未知的冶金问题。将过程危害分析团队的背景和资质与过程危害进行对比筛查，有助于评估团队是否具备所需的过程专业知识。

充足的时间和资源，包括经验丰富的团队成员和过程危害分析团队负责人，对于过程危害分析至关重要。如果风险分析团队对过程危害分析、团队成员或过程危害分析的质量存有疑问，可以参考其他过程和/或咨询具备相应知识的技术专家，以弥补漏洞。

如果决策者或决策团队认为过程危害分析的范围存在局限性，可以参考当前分析范围外其他领域的过程危害分析，例如，相关的公用设施、上游和下游工艺都可能影响本过程危害分析。

剩余风险： 对于仅需分析少数事故情景的简单决策，剩余风险的影响通常较小。而对于需要分析多种事故情景的中级决策或复杂决策，可能需要对建议的实施进行优先级排序，部分建议可以立即落实，而其他建议（如工艺停车）可能需要更长时间或需要等待合适的时机。在这种情况下，需要明确相关事故情景带来的风险，且可能需要实施临时措施或管理措施。

故障树分析、事件树分析、定量风险分析等定量分析工具的一大优势在于，可以确定每种事故情景对总体风险的影响。确定剩余风险后，组织可以采取针对性措施，以减少未来的风险，避免做出可能增加风险的变更。

频率数据： 在制定风险决策时，研究团队和决策者需要了解所使用频率数据的性质。如果无法获得具有统计学意义的工厂数据，使用替代数据可能会产生较大误差（误差范围可能高达一个数量级）。

注意： 如果频率的可接受风险标准为 1×10^{-4} 次/a，计算结果为 8×10^{-5} 次/a，组织不应将这一数值视为绝对结论而停止降低风险。另外，如果计算得出的风险结果是 1.2×10^{-4} 次/a，由于四舍五入等于 1×10^{-4} 次/a，这一风险可能被误认为可接受风险。无论上述哪种情况，即使计算结果接近风险标准线，组织仍应在合理成本范围内持续降低风险。这也是“最低合理可行”原则的要求。

后果分析： 在建立可燃物质泄漏模型时，某些企业可能会将相关浓度降至正常值的几分之一。例如，对于可能导致火灾和爆炸后果的可燃物质泄漏，可以使用燃烧下限的百分比（如燃烧下限的50%或25%）作为潜在误差范围的参考值。

定量风险分析： 定量风险分析同时考虑频率和后果，往往具有中等到高度的不确定性，决策中需考虑这些不确定性。针对这一不确定性，可以设定一个可接受风险范围。这种方法与“最低合理可行”原则类似。风险范围的上限可以设为可接受但应进一步降低的风险水平，风险范围的下限可以设为低于可接受风险的水平。

如需评估多种备选方案，建议使用频率数据和后果分析方法。尽管单一方案的最终风险衡量指标存在不确定性，但使用统一方法对不同方案进行分析，最终仍可得出可靠的排序结果。这体现了定量风险分析方法在决策制定中的合理应用。

5.5.4 认识提级决策的必要性

风险决策中需考虑的结果越多，受决策影响的人员和资产也越多。若决策不仅影响周边区域，还影响整个工厂和场外对象，则该决策应当在适当的工厂、企业和集团等合适层面做出。此外，企业应考虑制定相关指南，说明何时应在风险决策流程中纳入法律意见，并就何时提级决策提供指导。其中可能涉及的级别和职位包括：

周边区域。生产车间的操作员、监督员和技术支持人员(生产工程师)需要接受培训，了解何时需要申请额外的技术支持，以便继续做出决策。相关内容也可以纳入故障排除指南。技术支持人员需要接受充分的培训并掌握相关经验，以便做出明智的决策，或在遇到高风险情景且无法明确下一步操作时，停止当前作业并在必要时咨询专家。

整个单元。该级别涉及的人员包括运营经理、业务经理或代表，可能还包括工厂经理。工厂的健康、安全、环境管理人员也应列入审批级别。

整个工厂。该级别涉及的人员包括上述所有人员以及公司总部经理。如果工厂各单元涉及多项业务，决策者必须能够代表其他受影响的业务。

场外。包括上述所有人员以及公司总部的健康、安全、环境管理人员，可能还包括更高级别的公司高管。

此外，企业应制定相关指南，说明何时应在风险决策流程中纳入法律意见。

5.6 最终决策和审批流程

制定决策后，决策者或决策团队应将相关决策及制定决策的基本依据告知管理层或决策发起人。决策所涉及的资本成本越高，或操作过程、设备和程序的变更范围越大，相应的组织审批级别也越高。部分组织可能会要求将影响工厂内其他操作或具有场外影响的风险决策上报至组织内更高的管理层。如第 5.3.1 节“团队成员”所述，决策团队中需纳入最高决策层的代表，确保决策者及时了解情况，以避免发生意外。

例如，涉及某个单元的风险决策可能需由工厂经理进行审批。对于影响工厂内多个单元或可能导致业务中断但没有场外影响的风险决策，可能需由工厂或业务经理进行审批。对于影响整个工厂和场外对象的决策可能需由工厂、业务和公司管理层进行审批，且可能需要公司其他部门的批准，如健康、安全和环境部门、质量控制部门[对于受美国食品药品监督管理局(FDA)或现行药品生产质量管理规范(CGMP)监管的情况]和/或法律部门。如第 5.3.1 节所述，在团队中纳入相关代表，可确保决策者及时了解情况，有助于推进审批流程。

表 5.4 全面概述了风险决策等级、风险分析工具、决策辅助工具和审批级别之间的对应关系。

表 5.4 风险决策等级、风险分析工具、决策辅助工具总结

风险决策等级	快速和/或简单	中级	复杂
风险分析工具	工程或过程危害分析团队判断 定性风险矩阵	半定量风险矩阵 保护层分析 后果建模 故障树分析	保护层分析 后果建模 故障树分析 事件树分析 定量风险分析
决策辅助工具	单一事故情景风险标准 工程判断 投票/共识检查表 标准和/或公认并被广泛接受的良好工程实践	单一事故情景或单元级别的风险标准 标准和/或公认并被广泛接受的良好工程实践 目标/结果表 结果排序	单元/工厂和公司级别的风险标准 目标/结果表 结果排序 加权评分
审批级别	当地(个人或单元)	工厂或业务单位	业务单位或公司级别

5.7 决策沟通、记录和实施

记录决策相关信息的文件应：

- 明确说明问题的危害和存在的风险以及下一步的决策；
- 决策中提出的全部建议，包括备选方案和被否决的建议及否决依据；
- 说明决策中使用的所有分析方法的范围和局限性；
- 列出相关分析中的假设；
- 确保信息全面完整，以便对决策进行审查。

快速和/或简单决策：快速决策需立即传达给适当级别的人员。例如，就过程偏差采取应对措施说明存在某些问题，必须尽快通知单元主管。传达简单决策时，可以描述一种或多种事故情景、每种事故情景的原有风险，以及采取相关建议后降低的风险或风险降低因子。如果决策使用的工具为风险矩阵，则可以说明风险等级和/或相关建议。

中级决策：简单风险决策中所使用的决策及风险降低表格也适用于中级决策。传达和记录中级风险决策结果的另一种方法是采用领结模型(也称为屏障图)。领结模型以图形方式描述决策结果，有助于加深理解。

复杂决策：传达复杂决策时，可以通过表格说明每项决策或建议对系统总体风险的降低程度，以及所有建议的总体风险降低程度。如果决策使用的工具为定量风险分析，则应提供实施建议前后的系统风险等值线及 $F-N$ 曲线(见图 10.5 和图 10.6)。

必要时应将决策的后果和影响告知所有受影响人员，并开展针对性培训。可以采用以下方法进行沟通/培训：主管的口头沟通、正式培训课程、在程序中记录变更通知、日志条

目、书面变更摘要、电子邮件通知等。在沟通和培训时，应说明在决策流程中，对相关操作所做的全部假设。某些情况下必须开展全面的培训，以确保相关人员了解未来可能出现的变化或新信息如何影响决策及其结果。此外，必须记录培训内容，以便对过程知识进行管理。

5.8 总结

过程安全知识管理是化工过程安全中心基于风险的过程安全 20 个管理要素之一(CCPS 2007)。过程知识管理旨在了解过程风险。风险决策以及与风险决策有关的内容均属于过程安全知识的一部分，因此应进行适当记录。未来如需进行过程危害分析的重新验证和变更管理审查，应确保纳入为制定决策所进行的所有研究及相关信息。在美国职业安全与健康管理局的过程安全管理法规，以及美国环境保护署的风险管理计划法规中，与“过程知识管理”这一要素相对应的概念是“过程安全信息”。这些法规要求就过程安全信息编制书面文件，并特别要求记录所使用或生产的化学品的危害，以及所涉及工艺中使用的技术和设备。对于美国职业安全与健康管理局的过程安全管理法规中未涉及的工艺过程，与过程安全信息相关的所有风险决策也应进行适当记录。地方部门和其他国家或地区可能也有类似要求。如需了解如何记录过程危害分析和定量分析等信息，可参阅《过程安全文件指南》(*Guidelines for Process Safety Documentation*，CCPS 1995)中提供的案例。

实施风险决策的本质是在某种程度上对过程操作进行变更，因此应在实施决策前进行变更管理审查，并在必要时进行开车前安全审查(PSSR)。

6 潜在的决策陷阱

6.1 简介

“这错误并非天意注定，而是我们一手造成。”[2]

前几章讨论了决策流程。如第 5.5.2 节所述，可能影响决策的不确定性因素主要涉及两类：一是事实性问题(如情景定义、频率数据)，二是方法论问题。本章则聚焦于影响决策的人为因素，即决策者和决策团队。在制定复杂决策时，需要考虑来自不同人员或利益相关方的各种意见，而每个人都有自身的偏见和设想。由于存在这些偏见，决策者可能会陷入各种决策陷阱。关于决策陷阱的描述，可参阅《决策中的隐藏陷阱》(*The Hidden Traps in Decision Making*，Hammond、Keeny 和 Raiffa，1998)一书及其他相关资料。本章介绍了以下几种决策陷阱：

- 锚定陷阱。
- 现状陷阱。
- 沉没成本陷阱。
- 求证陷阱。
- 框定陷阱。
- 估计和预测陷阱：
  - 过度自信陷阱；
  - 谨慎陷阱；
  - 可回忆性陷阱。
- 群体思维陷阱。

正确认识这些陷阱及其对思维的影响，是防范这些陷阱最为有效的方式。本章将讨论风险降低决策中常见的决策陷阱。

6.2 锚定陷阱

“最初的印象、估计或数据会锚定之后的想法和判断”(Hammond、Keeny 和 Raiffa，1998)。人们往往过于看重历史经验或者第一次接收到的信息。

6.2.1 锚定陷阱案例：泰坦尼克号

1912 年 4 月 14 日的泰坦尼克号悲剧是锚定陷阱的经典案例。泰坦尼克号与冰山相撞并最终沉没。从撞击冰山之前到事故发生期间及之后，决策者做出的所有决策始终基于泰坦尼克号“永不沉没”这一假设。无论是船长、白星航运公司(船东)的总经理，还是船上的乘客，都多次被告知泰坦尼克号不会沉没。

每个人都坚信泰坦尼克号不会沉没，这种信念影响了之后所有的风险决策。为了节省甲板空间，船上配备的救生艇数量不足以容纳所有乘客和船员，毕竟没有人认为这艘“不沉之船”会遇到危险。在撞上冰山之前，泰坦尼克号在夜间全速行驶，并途经一处已知存在冰山的区域，没有人预料到意外的发生。撞上冰山后，泰坦尼克号停止航行。航行停止后，最初涌入的海水本可以得到控制，为等待其他船只救援争取更多时间。在未完成全面的风险评估前，正确做法是停止前进，但船东却坚持继续航行。迫于船东的压力，船长只好重新起航，并依然坚信泰坦尼克号不会沉没。最终，许多已放下的救生艇并未载满乘客，因为乘客同样坚信泰坦尼克号不会沉没(在他们看来，谁会愿意离开这艘有史以来最大的巨轮，而选择乘坐小船进入北大西洋呢?)(CCPS 2008)。

6.2.2 防范锚定陷阱

在制定基于风险的决策时，很可能需要评估尚未发生的事件。这也导致了一种偏见，即认为过去未发生的事件将来也不会发生。决策者可能陷入锚定陷阱，且可能忽视风险评估流程中制定的风险决策。对于低频率、高严重度的事件而言，由于难以预料事故情景发生的可能性，这种偏见可能越发严重。因此，人们往往难以通过基于风险的决策流程应对不可接受的风险。

为防范锚定陷阱：

- 应反思是否平等地权衡了所有数据和计算结果。如果没有，为什么？应要求各小组独立分析数据。
- 应让不同团队成员就风险决策发表不同意见。
- 向团队外部人员征求意见时，应避免发表自己的意见，以免对其造成影响。

6.3 现状陷阱

现状陷阱是指“对维持现状抱有强烈偏见”(Hammond、Keeny 和 Raiffa，1998)。如果某一生产过程中，更换设备的成本较高，这种偏见会更加明显。在资金有限的情况下，将钱花在那些看似可接受的风险或非增值的方面，会让人尤为难以接受。

6.3.1 现状陷阱案例

2005 年得克萨斯城英国石油公司炼油厂爆炸事故。 2005 年得克萨斯城英国石油公司炼油厂爆炸事故便是现状陷阱的一个案例。当时，可燃物通过排气烟囱释放到大气环境中(CSB 2007)。这座排气烟囱建于 20 世纪 50 年代。到 20 世纪 70 年代，向大气排放废气的

做法已遭到摒弃。事实上，阿莫科公司(炼油厂的原所有者)已制定相关的过程安全标准，要求逐步淘汰并禁止新建大气排气烟囱。在事故发生前长达15年的时间内，该公司曾收到3次关于更换排气烟囱的建议；1992年，美国职业安全与健康管理局的一项调查报告则建议将排气烟囱改为火炬，以遵守调查处理要求。但该公司并未采纳和实施这些建议。该炼油厂正是陷入了现状陷阱，不愿做出改变。

2013年得克萨斯州西部化肥公司火灾和爆炸。 西部化肥公司储存有大量硝酸铵颗粒。火灾和爆炸的发生的主要原因是缺乏危险意识。尽管事故本身并非由现状陷阱引起，但其后果的严重性凸显了现状陷阱的影响。西部化肥公司的储存设施始建于1962年，位于一处开阔地带。历经多年岁月，得克萨斯州的韦斯特镇不断发展扩张[美国化学品安全与危害调查委员会的报告中记载了一系列照片，从中可以看出附近韦斯特镇的发展趋势(CSB 2013, p. 229)]。事故发生时，距离事发地点约137m(450ft)处有一栋公寓楼，约152m(500ft)处有一座养老院，约167m(550ft)处有一所中学，约396m(1300ft)处有一所高中。这起事故导致公寓楼内的2人死亡，周边所有建筑均严重受损，最终被迫拆除(CSB 2013)。

相对于人口分布的位置而言，该工厂的现状已发生变化。许多工艺设施实际上都曾面临类似情况。如果仅凭过去的研究认为设施位于“安全位置”，而未根据场外人口分布变化进行调整，便会陷入现状陷阱。

6.3.2 防范现状陷阱

曾经被认为是安全的设计，可能已不再安全。随着时间的推移，时代在发生变化，社会期望也在改变。因此，我们需要仔细审视已经过时的设计，并对现状做出改变。

为避免现状陷阱，可以提醒团队和决策者了解同一时期内汽车安全领域发生的变化。

> 与20世纪50年代(得克萨斯城炼油厂在同一时期安装了排气烟囱)制造的汽车相比，现代汽车配备了更多安全功能。当时人们普遍认为，遭遇事故只能归咎于运气不好。汽车安全带问世之初，曾遭到很多人的抵触。这位作者(当年60多岁)还记得受访者曾说：“我更希望能从车里逃生。”事实上，数据显示，系上安全带防止人被抛出车外更能确保安全。如今，许多汽车配置了三点式安全带，未扣紧时会发出警报。车内的安全设计和安全气囊则可以在发生碰撞时保护乘客。此外，汽车还采用碰撞吸能设计，可以在遭受撞击时发生形变，以吸收撞击能量(正因如此，看似轻微的撞击事故便可能造成数千美元的损失，正所谓“凡事皆有代价”)，从而进一步保护乘客。如今，许多汽车制造商都将安全评级和车道偏离警报、自动制动等安全系统作为宣传点。

为防范现状陷阱：

- 应谨记对可接受风险的认知会随着新知识或社会期望的变化而改变；
- 应反思如果当前方案不再可行，是否还要选择维持现状；

- 应牢记决策目标;
- 应识别风险并进行排序，以制定尽可能多的备选方案并确保充分理解备选方案。

6.4 沉没成本与承诺升级陷阱

沉没成本是指已经在研究、工程设计、资本投资等项目中投入的资源。人们往往倾向于证明先前决策或支出的合理性，并且可能会偏向于选择已经投入某些资源的方案。在制定决策时，应基于当下能够选择的最佳方案。

请思考以下案例：假设一家工厂刚投入10万美元，用于升级某个单元或单元操作的过程控制系统。一项风险研究指出，为确保符合风险标准，该单元需要安装安全仪表系统。这不仅会产生资本成本，而且在工厂寿命期内进行必要的测试和维护还会带来长期运营成本。此时，有一种本质更安全的备选方案，尽管初期投资较多，但运营成本较低，更具可持续性。考虑到之前已经投入的成本，人的本能倾向是选择安装安全仪表系统。对此，组织应计算两种备选方案的净现值(NPV)，并比较每种方案的风险降低因子和净现值。决策中不应考虑最初为升级系统投入的10万美元。

为了防范沉没成本陷阱，可以自我反思：若换做新的领导人，面临相同情形时会如何决策？这种思维方式有助于决策者放下对过去决策的执念，专注于当下正在制定的决策。为防范沉没成本陷阱：

- 应自觉反思是否受到沉没成本思维的影响，并对此保持警惕。
- 应提醒自己，存在沉没成本陷阱，要避免陷入其中。
- 应提醒人们新的决策并不意味着否认以前的投入。过去的决策具有合理性，新的信息并不会改变过去。

6.5 求证陷阱

求证陷阱是指人们倾向于寻求能够支持现有想法的数据或信息。在风险决策中，为确定风险事故情景的可能性，决策者(如工厂经理或设计工程师)可能会陷入求证陷阱。决策者可能通过经验断定类似情景发生的可能性很小。为了做出决策，决策者可能会向其他工厂经理或设计工程师咨询是否曾发生过相关情景。如果他们有相同的经验或培训背景，并与决策者存在合作关系，则决策者很可能偏信自己的想法。

求证陷阱的另一种形式是专门收集相关信息，以证实而非检验现有的想法。例如，明知某人会认同自身想法，却依旧向其寻求意见。

规避求证陷阱

防范求证陷阱的一种方法是扩大征求意见的范围。在制定过程安全决策时，为避免求证陷阱，应主动搜寻其他事故和未遂事件数据，突破自身经验的局限性。

为此，企业可以建立专门的事故数据库，也可以开展案例文献研究。

化工过程安全中心每月会免费发布一期《过程安全警示灯》(PSB)。每期均会介绍一例真实发生的事故，总结事故教训，并提出可行的建议措施，帮助工厂避免再次发生类似事故。订阅《过程安全警示灯》并在工厂内广泛普及安全知识，可以帮助克服求证陷阱。

此外，化工过程安全中心还向许多企业广泛征集数据，编制了一份事故数据库("过程安全事故数据库")，其中记录了800多起事故。使用该数据库有助于企业突破自身经验的局限性，为制定决策提供更多合理证据。

决策团队中可以安排一名或多名团队成员专门"唱反调"，对决策证据提出异议。

在确定目标时(第4.4节)，应尽可能采用量化方法，以减少结果的主观性。

6.6 框定陷阱

"人们不是在选择事物，而是在选择对此事物的描述"(Lewis 2017)。对问题的描述会影响决策的制定，不当的描述可能会锚定错误的意见或导致对现状的偏见。例如：

1. 进行工艺改造以降低新工厂的风险，将使投资成本增加100万美元。是否应进行该项投资？

2. 进行工艺改造以降低新工厂的风险，将使5000万美元的投资项目成本增加100万美元。是否应进行该项投资？

大多数人可能会提出第一个问题，将增加的100万美元成本和零成本做比较，导致难以做出决策。第二个问题则将额外增加的成本与总资本成本进行比较，更利于进行合理分析。

6.6.1 框定陷阱案例

人们往往倾向于规避风险。以工厂选址这一决策为例。某研究团队现面临两种选择：方案A和方案B。一个潜在的泄漏情景会使600人受到影响。方案A可能导致400人死亡。方案B有33%的概率不会导致任何死亡，但有67%的概率会导致600人死亡。表6.1所示为上述两种决策的框定方法。

表6.1 框定示例

框定	方案A	方案B
积极	拯救200条生命	拯救600条生命的概率为33%
消极	400人死亡	导致所有人死亡的概率为66%

如果从积极的角度框定问题，大多数人会选择方案A。而如果从消极的角度框定问题，大多数人则会选择方案B。

6.6.2 防范框定陷阱

用不同方式重新描述决策问题，可以帮助决策者明确对问题的框定是否会影响判断。在分析决策问题时，研究团队不必拘泥于最初对问题的描述。为避免框定陷阱，决策者或决策团队可以通过不同方式重新描述问题，例如从消极和积极两个角度阐述备选方案，以便意识到框定陷阱的影响，并关注客观数据。

6.7 估计和预测陷阱

许多高后果事件也是低频率事件。大多数人难以正确认识低频率(例如，某一事件发生的可能性为每年 1/1000000 次)。

6.7.1 过度自信

人们可能过于相信历史经验，对自身判断的准确性过于自信。2003 年哥伦比亚号航天飞机失事事件便是过度自信的一个案例。

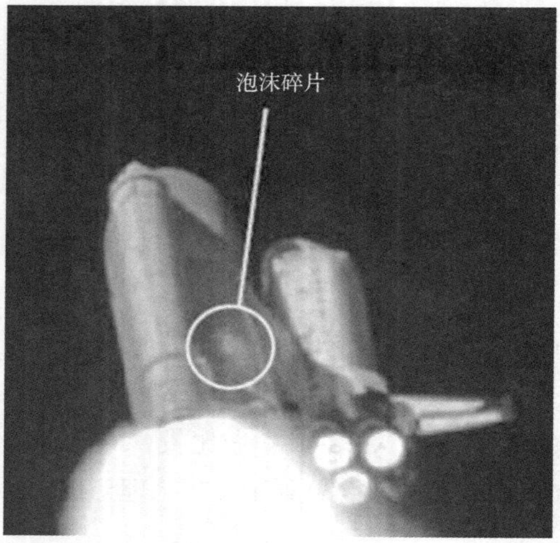

图 6.1 哥伦比亚号航天飞机泡沫碎片脱落(由 NASA 提供)

过度自信陷阱案例：哥伦比亚航天飞机失事事件。 2003 年 2 月 1 日，哥伦比亚号航天飞机在重返大气层时解体，原因是起飞过程中从燃料箱脱落的绝缘泡沫撞击隔热瓦，造成其损坏(如图 6.1所示)。在上升过程中，摄像机检测到了撞击，随后相关人员成立了碎片评估小组来分析潜在的损害。

该评估小组多次要求获取轨道卫星图像(官方报告称共计提出八次请求)，但这些要求全部被拒绝，于是，小组建议使用数学模型分析此次撞击。然而建模分析并未得出任何结论。在整个任务过程中，承包商和 NASA 的工程师比 NASA 任务管理者更担心发生潜在的损害。最终，NASA 的决策者认为风险很小，并决定按原计划继续执行任务。

为什么决策者没有听从建议？因为过度自信。大多数飞行任务的上升阶段中都有隔热泡沫脱落的情况。历史经验表明，隔热瓦受损并未造成任何问题。一些演示和数据的确证实了这些观点，最终结论见图 6.2 所示的幻灯片(CAIB 2003)。在过程安全领域，这种现象也被称为“偏差正常化”[有关这一现象的更多信息，请参阅《偏差正常化识别与应对》(*Recognizing and Responding to Normalization of Deviance*，CCPS 2018a)]。

由于过去的成功经验，任务管理者在做出决策时过度自信，认为泡沫脱落和隔热瓦受损不会造成任何问题，因此并未重视工程师提出的建议。

过度自信陷阱案例：福岛核电站爆炸。 福岛核电站的设计能够抵御 8 级地震。该核电站于 1971 年投入使用，当时日本科学家认为不可能发生 9 级地震。然而，在核电站建成之前，太平洋“火环”区域曾发生两次 9 级地震：1960 年智利地震(9.5 级)和 1964 年阿拉斯加地震。[福岛核电站建成后，该地区也曾发生两次地震：2004 年苏门答腊地震和 2004 年智利地震(8.8 级)。]

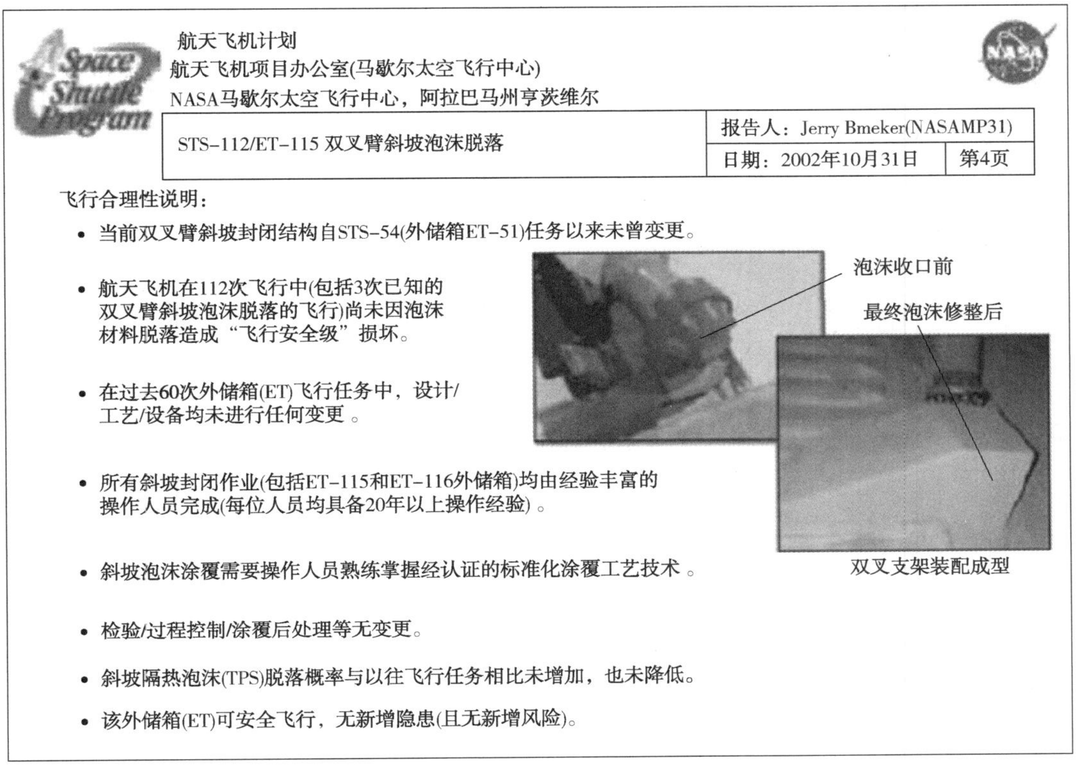

图 6.2　2002 年 10 月《飞行准备审查》简报幻灯片(由 NASA 提供)

2002 年，福岛核电站根据日本开发的一种方法开展了一项研究，并基于该研究对原始设计进行了一些改进，但这些改进并不足以应对潜在风险(IAEA 2015)。

2011 年 3 月 11 日，日本近海发生 9 级地震。地震引发了海啸，最大的海浪高达 15m，而核电站的屏障只有 5m 高。由此引发的洪水最终冲毁了现场备用发电机，并切断了核电站的主电源，导致三个正在运行的反应堆机组、三个停堆机组(核反应堆即使在关闭时也会产生热量)以及废弃燃料池无法获得冷却。三个运行的反应堆堆芯过热，核燃料熔化，三个安全壳破裂。氢气从反应堆压力容器中释放出来，导致机组内的反应堆发生爆炸，造成建筑物、设备损坏和人员受伤。

放射性元素从核电站释放到大气中，并沉积在陆地和海洋上。核电站周边 20km 范围内和其他指定区域的居民都被疏散。截至 2011 年 12 月，23000 人被紧急撤离。当时并未有人立即受到伤害。然而，其中 180 人被检测出超出职业阈值的辐射剂量。由于辐射影响具有长期性，可能在几十年后才能知道辐射造成的全部影响。

国际原子能机构报告(IAEA 2015，p. 4)专门就避免过度自信问题提出了一些建议：

- “对自然灾害的评估必须足够保守。在确定核电站的设计基准时，依靠分析历史数据并不足以描述极端自然灾害的风险。即使掌握了全面的数据，由于观测周期相对较短，对自然灾害的预测仍然存在很大的不确定性。

- 考虑到对风险认知的不断加深，核电站需要定期对安全性进行重新评估，并及时采取必要的纠正措施或补救措施。
- 基于操作经验的方案需要全面囊括国内和国际经验。通过操作经验确定的安全改进措施必须及时落实。此外，必须定期对操作经验进行独立评估。”

这些建议不仅适用于化工厂、炼油厂和海上作业，也适用于化学和操作危害以及自然灾害的预防。

6.7.2 谨慎陷阱

谨慎是过度自信的反义词。在风险研究中，如果使用最保守或最坏的结果进行建模分析，而不考虑事故发生的频率(或始终采用四舍五入的方式估算频率)，就会出现过度保守的情况。风险研究人员应警惕此类情况。过于保守的估算可能会造成保护层冗余，增加工厂的运营难度，进而推高成本，削弱竞争力。

> 案例研究：某工厂进行了一项设施选址研究(FSS)，以评估火灾和爆炸发生的后果，以及对控制室人员造成的生命危害。该工厂仅分析了事件后果(低概率事件造成的无法接受的爆炸破坏)，并决定斥资300万美元对控制室结构进行升级改造。
>
> 如果该工厂花费2.5万美元进行定量风险分析，考虑事件发生的概率，可能会得出如下结论：风险在公司可接受范围之内，符合社会规范，300万美元属于非必要投资。
>
> 从可接受风险的角度来看，这300万美元本可以发挥更好的作用，用于其他风险降低措施，例如开展培训、改进操作规程、检查机械完好性等。此外，从公司整体利益的角度来看，这300万美元则可能用于为公司创造更多价值。
>
> 仅根据设施选址研究做出决策可能过于保守。通过定量风险分析获得更多有价值的信息，为决策提供更多依据，可以避免过度保守。决策中必须充分考虑所有信息。

6.7.3 可回忆性陷阱

可回忆性陷阱是指人们往往根据自己记忆中或听说过的事件进行估计。这可能导致两种极端。一种情况是，考虑到近期发生的事件，人们会高估某种事故情景发生的可能性。但人们通常会倒向另一种极端，即认为某种“从未发生过”的事故情景未来也不太可能发生。

正如Trevor Kletz所说，“组织没有记忆”(IChemE 2018)。新任经理和工程师可能并不了解曾发生的某知名事件或重大事故，如1984年的博帕尔有毒物质泄漏或2005年的得克萨斯城炼油厂爆炸。对于刚毕业的工程师而言，博帕尔事件早已成为历史，而得克萨斯城炼油厂发生爆炸时，他们可能还是孩童年纪。因此，他们可能并不了解这些事件。

6.7.4 防范估计和预测陷阱

了解业内和个别企业的过往事故有助于克服过度自信和可回忆性陷阱。有远见的企业应注重通过历史案例研究培养新的工程师。在这方面，美国化学品安全与危害调查委员会报告、“过程安全警示灯”及《过程安全事故解析》(*Incidents that Define Process Safety*，CCPS 2008a)等资料提供了诸多参考资源。

决策中应反思在备选方案的风险计算中，是否使用了相同的输入数据，从而导致得出相同的结果。

需注意，最终决策不仅取决于是否满足可接受风险标准，还在于确保有适当的利益相关方参与最终决策。

6.8 群体思维陷阱

为减少冲突并达成共识或一致，群体可能会做出错误的决策。一些资料指出，群体思维是导致珍珠港事件、猪湾入侵事件、越南战争等历史事件的根源所在。有人认为，哥伦比亚号和挑战者号航天飞机灾难也与群体思维有关。

6.8.1 群体思维陷阱案例：英国弗利克斯伯勒爆炸事件

1974 年，在将环己烷转化为环己酮的 6 个串联反应器中，5 号反应器出现裂缝。维修工程师建议工厂全面停工 3 周进行维修。临时任命的维修经理可能缺乏相应的经验，建议拆除 5 号反应器，用一个直径为 500mm(20in)的临时连接装置将 4 号和 6 号反应器连接在一起，并建议使用传统的建筑施工脚手架支撑连接管道。

临时连接管道不足以承受反应带来的压力和温度，并在 30s 内释放了 30 公吨(1 公吨 = 907.2kg)环己烷，导致 28 名员工遇难，其中 18 人在控制室。当时正值周六，现场工人很少，如果事故发生在工作日，可能会造成更严重的人员伤亡。整座工厂均被烧毁，邻近的房屋也未能幸免于难。大火持续燃烧超过三天，受灾面积达 40000m^2(10 英亩)(CCPS 2008)。

在该事故中，决策人员并不具备相应的资质。决策团队无视维修工程师的建议，而选择听从缺乏经验的维修经理提出的意见。

6.8.2 防范群体思维陷阱

避免群体思维的方法包括(Markman 2015；Govindarajan 和 Terwilliger，2012；Hansen 2013)：

- 组建多专业团队；
- 尽可能根据数据做出决策；
- 勿让先入为主的思维影响判断；
- 确保由个人(最终决策者)而非群体做出最终决策；
- 要求团队成员从全局而非单个部门的角度看待问题；
- 召开分组会议，评估各种备选方案(避免最终决策者的影响)：
    - 为纳入更多合理意见，对备选方案做出初步筛选后，分组交换备选方案并进行第二次评估。

6.9 总结

正确认识决策陷阱是防范这些陷阱最为有效的方式。在分析高后果/低频率事件时，决策者很容易陷入估计和预测陷阱。决策陷阱往往相互关联，共同作用。例如，锚定陷阱、现状陷阱和过度自信陷阱可能同时影响决策，导致决策者误判高后果事件的可能性。求证陷阱和群体思维陷阱也可能同时存在。风险决策者可以自觉反思是否陷入这些决策陷阱。例如：

- 锚定和求证陷阱：反思是否平等地权衡了所有数据和计算结果？如果没有，为什么？应要求各小组独立分析数据。
- 现状陷阱：是否固守成规、倾向于维持现状？
- 框定陷阱：能否以其他中立的方式审视风险决策？如果能，应重新审视并分析其是否会影响对决策的看法。
- 沉没成本陷阱：过往的投入是否正在影响当下的决策？
- 求证及估计和预测陷阱：在备选方案的风险计算中是否使用了相同的输入数据，从而得出相同的计算结果？了解其他企业发生的安全事件，突破自身经验的局限性。一旦掌握新数据或情况发生变化，应对决策进行重新评估。
- 群体思维陷阱：对于中级决策或复杂决策，应组建多元化团队，尊重所有团队成员的意见。

防范决策陷阱还有许多其他方法，包括在决策团队中纳入立场中立者，例如公司过程安全人员，以识别决策陷阱的出现，协助制定并实施公司的可接受风险标准。

> 某公司在已制定可接受风险标准的情况下，对高度易燃和有毒气体的储存与处理系统进行了定量风险分析。分析显示，该系统未达到公司的可接受风险标准，建议对系统进行升级改造，以满足风险标准。此前，相关业务部门主管曾授权将大笔资本投资用于新建工厂，但由于市场预测失误，该工厂从未按设计产能正常运行。受过去经验的影响，该业务部门主管拒绝批准投资进行升级改造。根据公司政策，该决策被上报至公司安全主管。了解分析结果后，安全主管将此事上报至公司董事，董事要求业务部门主管实施安全升级措施。

最后，建议购买阅读《清醒思考的艺术》(*The Art of Thinking Clearly*，Dobelli 2011)。这本书以简短(2~3 页)、易读的内容描述了上述决策陷阱，并介绍了一些其他的决策偏误。

7 本质更安全设计

7.1 本质更安全设计简介

如第2.3节所述，危害情景的风险可以简化计算为可能性和后果的乘积（即风险=后果×可能性）。前几章重点介绍了有关风险决策的内容，如何降低风险情景发生的可能性或减轻其后果，以及如何对这些方法进行权衡取舍。

事故情景的后果与物质或工艺条件有关，如可燃性、毒性、反应性、工艺温度、压力等。为了更有效地降低风险，应尽可能从源头消除或减少这些危害，进而永久性降低后果的严重性。这正是本质安全的核心理念。

CCPS将本质安全定义为“通过消除或减少与条件相关的危害来降低风险的一种安全理念或方法”。本质更安全设计（ISD）是指“一种关于化工过程和工厂的设计理念，其重点是消除或减少危害，而不是管理和控制危害”。

7.2 本质更安全设计策略

实施本质更安全设计有以下四种策略：

最小化： 减少使用危险物质（也称为集约）。例如：

- 使用连续反应器代替间歇式反应器，其包含的物料更少，更容易控制；
- 减少储存危险物质量；
- 就地制造和消耗危险物质以避免储存。

替代： 使用危害较小的替代物质。例如，在水中而非在易燃溶剂中进行反应；采用不使用或不产生危险物质的替代工艺路线；或使用与工艺流体接触后不产生危害的传热介质。

缓和： 使用危险性较低的条件或危险性较低的物质形态。通过稀释或冷却降低所需的储存压力和释放时的初始蒸气压。例如：

- 用氨水代替无水氨或用盐酸代替无水氯化氢，以减轻释放的后果；
- 通过冷却来缓和物料处理的条件，并减少释放时的气化量；
- 在较温和的条件下运行工艺，如降低温度和压力。使用更温和的工艺条件通常还能提升可操作性和经济效益。

在化工过程历史上，持续改进工艺并逐步采用更温和的运行条件十分常见（CCPS 2009，

p. 54-58)。

简化：设计可以消除复杂性的设施，降低误操作的可能性，或者提高容错率（容错设计）。例如，使用能承受失控反应最大压力的容器，而不是设计复杂的紧急泄放系统。

如果设计师和工程师未能在过程生命周期的早期研究和开发阶段考虑替代设计方法，设计将变得更加复杂。为了增加系统的灵活性和冗余性，设计师和工程师通常会添加控制措施或在系统中配置更多报警装置，而非在实施变更时考虑替代方案。

《本质更安全的化工过程（第2版）》(*Inherently Safer Chemical Process, 2nd Edition*, CCPS 2009）完整介绍了本质更安全设计的概念，通过更多案例展示了本质更安全设计的实际应用，并提供了许多本质安全设计的实操工具和应用指南。

7.3 风险管理控制层级

降低整体风险需考虑四个要素，按优先顺序排列如下：

本质性：使用前一节中所述的本质更安全设计策略消除危害。

被动性：在未主动运行任何设备的情况下，通过降低后果严重性或可能性的特殊设计，最大限度降低风险。例如，使用堤坝、管中管等二次防护设施、防爆墙和阻火器。被动防护措施无须人为操作，但必须进行检查和维护，堤坝等二次防护设施也可能存在泄漏风险。

主动性：利用控制系统、安全仪表系统、减缓系统来检测和应对工艺偏差，从而降低风险。主动控制装置需要定期进行测试和维护，并要求对相关人员进行培训，以确保其可靠性。主动系统的另一个例子是使用冷却系统，尽管冷却系统无须用于检测和应对设备泄漏事件，但必须确保正常运行，以减轻设备泄漏的影响。

程序性：通过使用方针政策、操作规程、检查、维护、培训和应急响应措施来降低风险。建议在管理层巡视和审核过程中，通过演习或询问操作人员如何应对工艺异常情况，对风险控制程序进行测试。

敏锐的读者会发现，这些控制措施的分类存在交叉。例如，低温储存可以减轻泄漏的后果，被列为一种本质更安全的设计策略。有些人认为冷却是一种被动控制措施，因为其无须用于检测并应对泄漏事件。有些人则认为冷却是一种主动控制措施，因为必须对其进行监控和维护。如果冷却系统发生故障，设计良好的（即具备隔热性能的）低温储罐可以在一段时间内保持低温，为响应和纠正故障争取时间。

本质更安全设计这一概念可以应用于控制层级中的所有级别。例如，如果书面规程编写不规范，可能会导致其复杂难懂。尽量做到以下几点，可以确保制定简单易懂的书面规程：使用简明语言；使用常用词汇代替“复杂词汇”（例如，使用“about”代替“approximately”，或使用“enough”代替“sufficient”）；使用分步说明；在整个设施内使用统一格式；使用流程图或图片；等等。

图7.1所示为预防失效和确定备选方案的系统方法，该方法可以应用于风险决策中“确

定备选方案”的步骤(第4.3.3节)。风险决策者需要从风险管理控制的所有层级思考备选方案，以提高决策的质量。

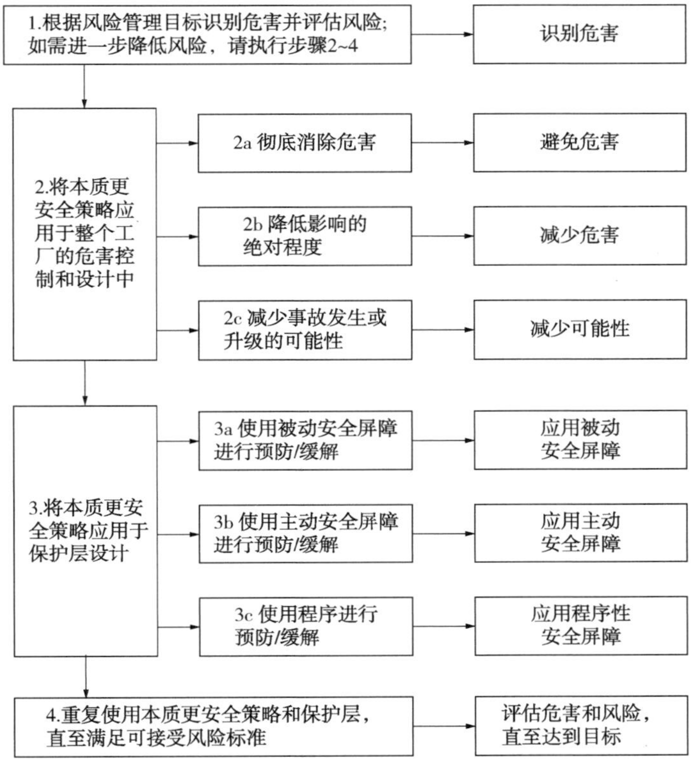

图7.1 预防失效和确定备选方案的系统方法(改编自Amyotte等，2006)

7.4 本质更安全设计示例

本节将通过光气系统设计备选方案的案例说明本质更安全设计的概念。光气是一种高毒性气体，曾被用作化学战剂。光气的立即威胁生命和健康浓度(IDLH)为2ppm，ERPG-2为0.5ppm，在20℃(68℉)下的蒸气压为22.6psia。

> 蒸气压：蒸气压或平衡蒸气压是指在封闭系统中，在给定温度下处于热力学平衡状态的蒸气与其凝聚相(固体或液体)所施加的压力。平衡蒸气压是液体蒸发速率的一种指标，与粒子从液体(或固体)中逃逸的倾向有关。

上述示例参考自《过程安全进展》期刊上发表的多篇论文，包括：

- 《化学加工中光气的安全处理》(Alspach和Bianchi，1984)；
- 《将本质更安全的概念应用于光气工厂收购》(Gowland，1996)；
- 《利用被动缓解系统减少毒性危害》(Myers、Morgan和Flamberg，1997)。

Alspach 和 Bianchi(1984)的文章描述了一种光气气瓶处理系统，该系统包含以下几种被动和主动防护措施：

- 光气处理系统置于与其他生产设施相隔离的独立建筑中。
- 光气气瓶连接件和相关阀门置于类似手套箱的封闭空间内，与操作人员相隔离。
- 该封闭空间的排气口连接到洗涤器。
- 操作人员在连接和断开气瓶时佩戴空气供给设备。
- 在光气厂房内安装闭路电视以监控操作人员。
- 光气通过管中管转移到生产设施中。
- 双管的环隙连接至一个探测器或刚果红溶液中，以便在发生管道泄漏时检测到光气。
- 在生产厂房内的光气管道和阀门也完全封闭。
- 在整个光气处理系统中，在光气厂房内以及使用光气的反应器上方安装分析仪，在检测到光气时报警并关闭所有光气阀。

以上示例展示了在设计处理有毒物质的设施时，如何结合使用本质更安全的设计原则和主动控制措施。下文将举例说明如何使用一些本质更安全的备选方案来降低风险。

7.4.1 最小化策略示例

Alspach 和 Bianchi(1986)的文章描述了一种光气气瓶处理设施。Myers、Morgan 和 Flamberg(1997)针对本质更安全的几种光气处理替代方案进行了后果分析。分析案例的基础场景是一个容量为 27000kg 的加压储罐。

其中一项替代方案是使用 Alspach 和 Bianchi 所描述的 1t 加压气瓶。该方案的依据是应用本质更安全的最小化设计理念，研究 10min 内光气全部泄漏的事故场景。这两种替代方案都不包括其他保护层级，例如使用缓和措施(见下一节)或紧急隔离阀等主动安全防护措施。

如果某一组织仅有上述两种可选方案，则该组织很可能需要使用 ALARP 作为其风险标准(第 2.4.1 节)。这要求采用更多本质的、主动的和被动的防护措施，以确保某一个事故场景的风险达到可接受的最低限度。由于仅有两种替代方案，相关考量因素仅构成中级风险决策。

7.4.2 缓和措施示例

Myers 等(1997)分析了两种缓和设计备选方案(采用不同堤坝设计、低温储存和围墙隔离技术)的效果。表 7.1 所示为两种方案下发生扩散的计算结果。

表 7.1 光气扩散浓度降低至 ERPG-2 的距离

(大气稳定度 F，风速 1.5m/s，Myers 等，1997)

备选方案	下风向距离
27000kg 储存量	100km(62mile)
1000kg 储存量	34km(21mile)

表 7.2 展示了如何制定采用本质更安全设计的备选方案(第 4.3.3 节)，以减少泄漏的后果，做出更加明智的决策。

表 7.2 光气扩散浓度降低至 ERPG-2(0.8ppm)的距离
(大气稳定度 F，风速 1.5m/s，Myers 等，1997)

备选方案	下风向距离
1. 加压储存，无堤坝，未封闭	100km(62mile)
2. 低温储存，低堤壁，混凝土堤	14.7km(9.1mile)
3. 低温储存，高堤壁，混凝土堤	9.6km(5.9mile)
4. 低温储存，低堤壁，绝热堤	10.7km(6.6mile)
5. 低温储存，高堤壁，绝热堤	5.7km(3.5mile)
6. 低温储存，低堤壁，绝热堤，封闭	1.5km(0.9mile)
7. 低温储存，高堤壁，绝热堤，封闭	1km(0.6mile)

在设计备选方案时需要识别危害事故情景，计算事故发生的后果和可能性，这一过程可能需要耗费大量工时，但有助于决策者制定更全面、更有效的备选方案。除计算风险以外，决策团队还需要确定和评估备选方案的其他特性(如第 4.4 节“目标与结果”所述)，包括风险降低幅度、必要的主动风险控制措施、资本成本、运营成本、企业声誉、可靠性等。因此，确定备选方案的过程也是做出复杂决策的过程。

将表 7.1 中提出的每种备选方案与其他主动、被动和程序控制措施相结合，可以有效降低风险，以满足组织的风险标准。因此，可使用的最佳决策工具是加权评分法(第 4.3.5 节“制定决策”)。该项决策的关键在于确定所有目标以及每个目标的相对重要性。

例如，如果其中一项重要目标是维护企业声誉(权重较高)，且相关工厂靠近人口密集地区，则具有最短影响距离的方案 7 可能是最佳方案。如果资本成本的权重较高，且相关工厂位于偏远地区，则采用非封闭技术的方案可能是最佳方案。

7.4.3 简化策略示例

Gowland(1996)在文章中描述了一项应用本质更安全设计理念中简化策略的案例。20 世纪 80 年代中期，陶氏化学收购了配置光气生产单元的工厂，并开始研究如何降低风险，特别是降低生产单元的场外风险。陶氏化学计划采用最小化策略，即减少光气库存，这是一种本质更安全的设计方法。在生产中使用光气之前，必须通过蒸馏去除光气中的杂质，这些杂质源自一氧化碳原料中的杂质。为此，陶氏化学与供应商签订合同，采购纯度更高的一氧化碳。得益于此，陶氏化学能够生产出纯度更高的光气，从而剔除蒸馏步骤。上述案例体现了简化和最小化两种策略的应用。

该案例中所涉及的风险决策为简单风险决策，是“显而易见的事情”。事实上，在认识到风险后，陶氏化学便已做出真正的风险决策，通过组建专门团队，研究如何降低风险。该团队由陶氏化学工程部门、安全部门和商业技术中心的人员组成，并研发出了许多降低风险的方案。这一过程所反映的正是复杂风险决策。

7.4.4 其他权衡取舍

在光气使用方面，相关的风险决策还涉及其他方面的权衡取舍，包括：

自制还是外购：陶氏化学工厂自主生产光气，但 Myer 等(1997)研究的案例则是关于光气储存。如果光气可以就地生产，便无须考虑光气储存问题，进而消除运输风险和潜在的储存风险。但是，这一做法会增加光气生产中由于操作偏差导致泄漏的可能性。此外，光气生产以氯气为原料，因此还需要评估使用氯气生产光气的风险。显而易见，如何权衡“自制”和“外购”两种备选方案属于复杂风险决策。

替换：用毒性较小的物质代替光气是一种本质更安全的方案。这种决策看似简单，然而，在如前文所述的陶氏化学(1996)决策案例，做出这一决策前需深入研究可行的替代化学物质，这一过程往往十分复杂。

7.5 总结

在决策流程的“确定备选方案”阶段，采用图 7.1 所示的流程图有助于确定失效预防和控制方案。本章举例说明了如何使用本质更安全设计来储存和处理光气这一高毒性物质，并展示了本质更安全设计如何减轻有毒物质泄漏的后果。

8 变更管理

8.1 简介

变更管理是所有法规对过程安全管理体系的必然要求。管理变更至关重要。许多事故(见表 8.1 中的案例)在管理体系方面的根本原因都在于变更管理不足。如果必须按照重要性对公认的过程安全管理要素进行排序，大多数过程安全专业人士可能会将变更管理排在前三位。一旦确定需要变更，就应严格遵循风险决策流程。

表 8.1 变更管理不充分引发的事故

事故	变更	损失	伤亡情况
1974 年英国弗里克斯伯勒爆炸	连续反应器周围安装的旁路管道设计不当，导致可燃物质泄漏	重大工厂损失	28 人死亡 36 人受伤
1988 年北海 Piper Alpha 平台爆炸	石油平台经改造后同时用于处理天然气，增加了船员宿舍面临的风险	整个平台被炸毁	167 人死亡
2005 年得克萨斯城英国石油公司爆炸	可移动式建筑选址违反了现行规范，但变更管理中并未识别出相关位置的安全隐患	超过 15 亿美元	15 人死亡 180 人受伤
2013 年洛杉矶威廉姆斯烯烃厂爆炸	安装的截断阀可能将再沸器与泄压装置隔离开，仅能管理控制截断阀的阀位	重大工厂损失	2 人死亡 167 人受伤

在美国，OSHA PSM 标准规定，“对工艺化学品、技术、设备和程序的所有变更，以及影响受控工艺的设施变更”，必须实施变更管理流程，其中不包括同类替换情况(OSHA 1992)。如今，许多组织意识到，为建立良好的变更管理体系，人员、人员配备水平和组织结构的变更也应考虑在内。《过程安全变更管理指南》(*Management of Change for Process Safety*，CCPS 2008b)中附录 A 表格列出了同类替换和各种变更类别。图 8.1 所示为 CCPS《过程安全变更管理指南》一书中介绍的变更管理体系流程。

在实施变更时，除了进行风险评估，还必须处理许多其他决策，包括：

- 过程安全文档(如变更的理由、工艺和仪表流程图的更新以及设计基准文件)；
- 培训(包括变更的理由、对风险的影响以及需要培训的对象)；
- 操作和维修规程。

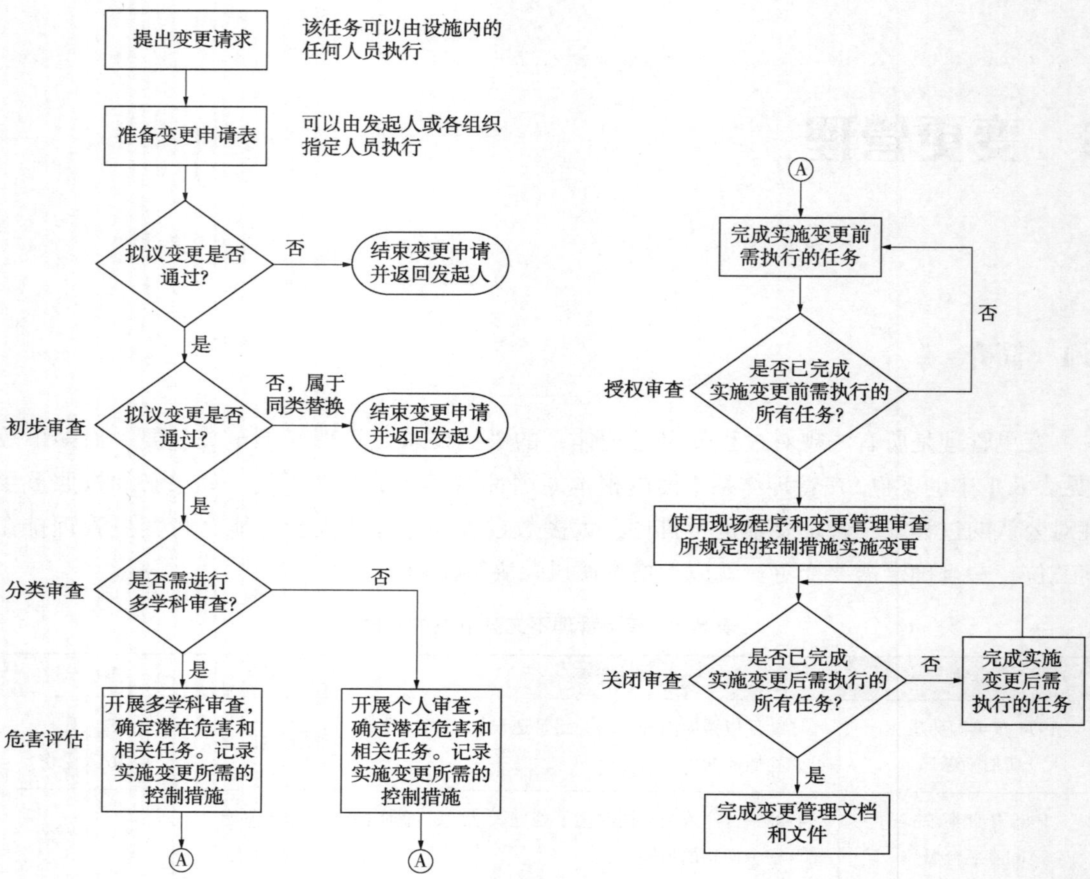

图 8.1　变更管理体系流程示例(CCPS 2008)

在授权启动工艺变更前，进行开车前安全审查有助于做出精准的风险决策。在开车前安全审查中，团队需努力平衡外部需求和工艺或组织安全要求(例如，美国 OSHA 要求在变更后重启工艺前进行开车前安全审查)。理解实施变更前需采取的“建议措施”和“关键安全措施”至关重要。

除《过程安全变更管理指南》(CCPS 2008)之外，《组织变更期间过程安全风险管理指南》(*Guidelines for Managing Process Safety Risks During Organizational Change*, CCPS 2013)和《过程安全能力要求定义指南》(*Guidelines for Defining Process Safety Competency Requirements*, CCPS 2015a)分别提供了分析组织变更的方法和工具。

临时变更需要遵循与永久变更相同的变更管理流程。临时变更的例子包括：设备或联锁/安全仪表功能周围的旁路管道；在泄漏的管道上安装夹具；在获得合适的替代设备前使用非同类替换设备；临时关闭工厂中的道路；或者安排临时人员代替已离职或休假人员。在进行临时变更时，由于周期较短，人们可能倾向于接受增加一定的风险(可能性增加和/或后果严重性增加所导致的风险增加)。因此，必须确保变更审批在适当的级别(见第 8.2 节)。

在进行临时变更时，建议设定截止期限，并规定到期时：①系统必须恢复原状；②延长临时变更的期限，并设定新的时限；或③考虑将临时变更转变为永久变更，并在此基础上进行新的变更管理审批。此外，在变更截止时需通过变更管理系统向相关人员发出通知。

许多变更比较容易识别，例如产能扩张、操作规程修订或使用新的原材料供应商，但有些变更则不明显。

> 一家公司为连续反应器的工艺研发建造了一座中试工厂，并对中试工厂进行了危害评估，但未采用假设分析、危险与可操作性分析等严格的方法。研发成功后，该公司继续使用该中试工厂进行生产。这导致原定1~2个班次的工作安排变为2~3个班次，同时缺乏技术监督。该公司未能识别出这一过程所涉及的变更。几个月后，由于进料系统中的手动阀未关闭，导致可燃物质泄漏。研发期间每天只操作1~2次阀门，但进入全面生产后，阀门操作频率增加。对生产记录进行审查后发现，发生泄漏前，阀门操作次数已达到约800次。如果该公司使用严格的方法进行全面的过程危害分析，可能会识别出该潜在问题，并通过防护措施(例如安装联锁装置，以防阀门误开时添加原料)避免发生泄漏。

8.2 决策审批级别

从风险决策的角度来看，在制定变更管理决策的过程中，若不明确所需的危害评估和审批级别，将难以建立有效的变更管理系统。通常，在变更管理之前应做出风险决策，并编制相关文件。然而，在某些情况下需要通过变更管理确定是否需要做出进一步决策，以及相关范围和初步要求。风险决策文档是变更管理的重要依据，完善的变更管理流程有助于审查决策流程中进行的风险评估，但变更管理流程中通常无须做出初步决策。

许多企业依据所涉及的资本或费用水平确定变更管理的审批级别。然而，即使某些变更所需的资本或费用很少或为零，例如变更原材料供应商或过程控制系统，仍可能导致风险显著增加。在没有指导的情况下，可能会导致低估风险较高的变更所需的危害评估级别；反之，则可能高估风险较低的变更所需的危害评估级别。

为确定审批级别，需要对提出变更请求的人员进行培训，以妥善评估变更所涉及的危害以及变更对相关过程中防护措施的影响。变更管理申请表有助于通过简单的检查表形式，帮助变更发起人评估危害类型和所需的审查类型，以便做出准确的评估。另一种方法则是指定一名变更管理协调员并对其进行培训，以确定变更所需的审批级别。

简单变更或临时变更可以由倒班主管或区域工程师进行审批，例如在修复传感器之前绕过过程控制联锁以完成批次生产。对于简单的变更，可以提前确定一些常见的变更需求，并制定专门的表格以便管理。

对大型组织而言，可能需要对所有变更(不包括最简单的变更)进行多次审批。变更管理申请表中可以纳入如表8.2所示的审批条目。

表 8.2 变更管理审批表部分示例

变更领域	确认变更(是/否)	已审批(是/否)	缩写
职业卫生			
过程安全			
环境			

《过程安全变更管理指南》(CCPS 2008)中附录 C 举例说明了适用于简单、中级和复杂变更的变更管理表格，这些表格中包含了用以说明所需审批的条目。

8.3 适用于变更的决策流程案例

8.3.1 设备变更

*案例：*2008 年 2 月，乔治亚州温特沃斯帝国糖业公司的带式输送机防护外壳发生粉尘爆炸，导致 14 人死亡，36 人受伤，一些人遭受永久性伤害。二次粉尘爆炸则将该设施彻底摧毁。此次爆炸由设备变更造成。为防止糖受到污染，带式输送机被改造为完全封闭结构，这一结构为形成超过爆炸下限浓度(MEC)的粉尘云创造了空间，而在设备变更前，该区域的容积和气流本可以防止粉尘云浓度超过爆炸下限浓度。点火源可能是过热的输送带轴承(CSB 2009)。

导致这一事故的因素有很多，包括未能正确认识糖尘的危害，其中还涉及许多未遂事故。此处重点探讨决策流程。接下来，本节将按照第 4.3 节中的定义逐步演示风险决策流程，假设前提为该工厂了解粉尘起火爆炸的风险。

*定义问题：*问题在于糖的污染，目标可能是以不增加粉尘火灾或爆炸风险的方式防止污染，同时考虑可能存在的各种限制因素，如资本限制。

评估基线风险：基于基线风险的评估表明，粉尘爆炸的风险达到可接受标准(对可接受风险的定义取决于组织评估风险的方法)。因为空间的容积和传送带所在空间的气流可阻止形成可爆炸粉尘云，此外，设施的清洁管理程序和/或火灾预防和抑制系统均可以有效防止或控制火灾。

*确定备选方案：*一种备选方案是使用封闭带式输送机，并结合适当的手段，以便有效防止粉尘爆炸或减轻粉尘爆炸的影响(控制/清除逸散性粉尘排放、通风、抑制、惰化或防爆)。另一种备选方案是识别并消除污染源，在输送带上方安装没有侧板的遮盖物，或者改用气动或带式输送机。

*筛选备选方案：*筛选阶段需要确定备选方案的风险降低程度、可行性、有效性及成本，并采用半定量或定量风险评估方法(如风险矩阵或保护层分析)分析备选方案的风险。部分备选方案可能因不符合标准被排除。例如，保护外壳加装惰化或防爆系统的成本过高；去除污染源的方法并不可行；没有侧板的遮盖物无法充分减少污染。如果实施得当，改用气动输送机可能是更安全的方案，但设备更换成本较高。但是，如果未能事先提出和研究这

些问题，就无法确定这些备选方案。

*制定决策：*确定几种备选方案后，根据公司可接受风险标准对每种方案进行评估，并确定相关的运营成本和资本成本。决策团队中应纳入来自运营、工程部门、企业管理层和企业健康与安全部门的代表。这一过程涉及复杂决策。

8.3.2 程序变更

案例：一场暴风雨引发停电，导致工厂生产延迟数天。生产恢复后，由于非计划停机，造成产品生产紧张。该生产过程包括在去离子水(DI)中溶解固体氢氧化钠(NaOH)，然后与强酸混合进行中和，最终制造出所需产品。中和反应在一个顶盖松垮的塑料容器中进行。

去离子水装置受停机影响，导致去离子水无法用于溶解固体 NaOH。生产团队决定将未溶解的纯 NaOH 直接加入装有酸性溶液的容器中。这一操作导致突然发生剧烈的放热反应，混合物沸腾，引起气体爆炸，容器破裂。操作人员被释放出的化学溶液喷溅到，由于未佩戴适当的个人防护用品(PPE)，多名人员因此受伤。该程序变更未进行任何变更管理(Ness 2004)。

上述案例涉及简单决策。如果由了解酸碱中和相关危害(热量释放)的人员(可能是工厂工程师或化学家)进行审查，本可以识别出该变更中存在的安全隐患。对操作人员进行培训则有助于其了解添加原材料的正确顺序。

8.3.3 工艺参数变更

案例：Synthron LLC 公司收到一批添加剂订单，需求量较正常批次增加 12%。为确保交付订单，工厂经理决定提高单生产批次的处理量，而非单独运行两个生产批次。该工艺涉及丙烯酸单体在易燃溶剂中的聚合反应。具体流程为，将单体和溶剂注入反应器并加热，随后逐步加入单体和引发剂，并使用回流冷凝器去除放热反应产生的热量。

为增加 12%的产能，该公司在单体余料中加入了扩大产能所需的全部额外单体，并减少溶剂用量，以容纳更多单体。这导致反应器中的能量释放速率增加 1 倍以上，超过反应器冷凝器的冷却能力，引发失控反应。事故导致 1 人死亡，14 人受伤(CSB 2007)。

该公司未对这一变更的影响进行有效审查。事故的根本原因是设施管理层和管理人员缺乏对化学品反应危害的相关知识，但上述案例属于典型的中级风险决策。下文将再次按照第 4.3 节的定义逐步演示风险决策流程，假设前提为该工厂了解化学品的反应危害。

*定义问题：*问题在于如何以最高效的方式，在保证工艺安全性的前提下确保交付新订单。

*评估基线风险：*评估人员并非 Synthron 公司，而是某个具备化学品反应危害相关知识的组织。假设该工艺已通过适当方法进行了审查，例如假设分析或危险与可操作性分析。

确定备选方案：

备选方案可能包括：

1. 分两个小规模批次完成生产；
2. 在加入原单体用量后额外加入扩大产能所需的单体(Synthron 公司使用的方案)；
3. 在单体逐步进料过程中额外添加更多单体；

4. 在使用回流冷凝器的同时，向反应器夹套添加冷却水。

筛选备选方案： 通过热平衡计算，可以轻松筛选出备选方案。

制定决策： 以下是上述方案的对照比较：

- 方案 1 可以确保安全(无须计算)；
- 方案 2(Synthron 公司使用的方案)明显存在安全隐患，通过简单的热平衡计算即可证明；
- 如果单体进料速率控制得当，方案 3 可以确保安全；
- 考虑到 Synthron 公司的设备配置，方案 4 可能需要投入一定投资。

方案 1、3 和 4 均可以确保安全，但方案 1 效率低，方案 4 则需要投入一定投资并增加控制措施，以确保可靠的冷却水流量。因此，可以选择方案 3，该方案最符合问题的定义。实施方案 3 要求对温度进行监测，并在温度超过预定点时停止进料。

8.3.4 组织变更

案例： 某工厂在机构重组期间，将机械完好性测试的职责从内部测试组移交给第三方供应商。之后，由于工厂并未向第三方供应商提供新的联系方式，该供应商误将氢气管道厚度读数相关数据发送给已解散的内部测试组。因此，运营部门从未审查过这些信息。供应商发现有两个管道弯头的厚度存在安全隐患。设备启动后，弯头发生严重故障，导致大火和冲击波爆炸，控制大楼和周围的工艺设备均被损坏。此次事故未导致人员伤亡。该工厂通常会对设备、工艺或材料变更进行变更管理，而在使用第三方供应商取代原先的内部测试组后并未进行任何变更管理。

定义问题： 重组后，由哪个小组负责管理第三方供应商，并对供应商的机械完好性检测结果进行评估？

确定备选方案：

备选方案包括：

1. 在工厂(如生产或工厂维护部门)中设立专门职位，由内部行业专家履行这一职能；
2. 将该职能移交给公司工程部等部门。

筛选备选方案并制定决策： 该案例涉及中级决策，且可能影响未来决策(由谁负责根据供应商提供的测试结果制定未来的决策)。此外，其他工厂也可能计划进行类似的重组，从而影响决策。组织可以在内部设立相关职位，或者要求每家工厂对相关人员进行培训。

8.3.5 原料变更

案例： 2012 年 4 月 23 日，Lakeland Mills Ltd. 锯木厂发生爆炸。爆炸由东向西穿过锯木厂的操作层，导致餐厅的墙壁倒塌，砸到了正在就餐的工人。受爆炸冲击力的影响，地下一层技工餐厅里的工人被掀飞并撞破南面的墙壁。锯木厂因爆炸起火被摧毁，2 名工人死亡，22 人受伤(WorkSafeBC 2012)。

此次爆炸事故由许多因素造成，包括粉尘控制措施执行不力、对锯木厂齿轮系统维护不足(导致过热和着火)、使用开放式输送机，以及场地清洁管理不到位。此外，由于冬季天气寒冷，管道冻结，导致缓解系统(木材去皮机上的喷雾系统)无法正常运行。

另一重要原因是在不列颠哥伦比亚省(BC)工厂加工的木料发生变更。2005 年，山松甲虫感染了不列颠哥伦比亚省的黑松林。在木材失去价值之前，当地允许采伐和加工被虫害侵染的树木。就此次虫害进行的一些研究发现，受甲虫感染的木材比绿色木材更干燥，因此产生的木屑平均粒径更小，木屑含量则是绿色木材的 4 倍。Lakeland 锯木厂的设计基准仅能够处理 7%的废木材和木屑。而在爆炸发生时，工厂的废木材和木屑含量已达到 12%~36%(WorkSafeBC 2012, p. 78)。更干燥、粒径更小的木屑极大增加了粉尘爆炸的可能性和后果的严重性。

如前所述，此次爆炸由许多因素造成。在这一案例中，我们假设该锯木厂已建立设备和管理体系，以解决 WorkSafeBC 报告中所指出的问题，并已识别出需要解决木材原料的变更问题。

*定义问题：*问题可以定义为如何安全处理被甲虫侵染的木材。

确定备选方案：

备选方案可能包括：

1. 放弃加工被感染的木材；

2. 减量加工被虫害感染的木材和/或通过管理控制来管理危害(例如，提高场地清理频率、只在温暖的月份加工木材)；

3. 对工厂设备进行改造，以妥善处理被虫害感染的木材。

方案 2 可能需要结合多项工程控制措施和管理控制措施。

*筛选备选方案并制定决策：*该案例涉及复杂决策，其中需考虑商业因素和工程因素两个方面：锯木厂预计用多长时间加工这些木材？可使用完整的工程设计和风险分析工具筛选备选方案，并将分析结果与组织的风险标准进行比较。决策过程中应纳入业务部和公司组织的代表。

8.3.6 供应商变更

案例：某工厂在某些化学过程中使用 20%的发烟硫酸。这些过程在有玻璃内衬的设备中进行。在某一时间点，该工厂更换了新的发烟硫酸供应商。几个月后，检查容器发现玻璃内衬已经被腐蚀。经调查发现，除生产硫酸和发烟硫酸以外，新的供应商还同时生产氟化氢。发烟硫酸中掺杂了微量的氟化氢，造成了腐蚀。

*定义问题：*该问题可以定义为对新的发烟硫酸供应商进行资格认证，或者进一步定义为确定最佳(或更优质)的发烟硫酸整体供应商。

*确定备选方案：*在该案例中，备选方案只能是更换供应商。

*确定目标：*该案例体现了确定决策目标的重要性。在更换原材料供应商时，成本似乎是最初唯一的考虑因素(至少是主要考虑因素)。其他需考虑的问题包括原材料质量和供应商的可靠性。然而，就该案例而言，除非该公司了解新供应商还经营其他哪些工艺或生产哪些产品，否则无法在短期测试中发现氟化氢污染造成的质量问题。这要求确定该供应商工厂内发生交叉污染的可能性，并对其交叉污染控制流程进行审核。在可行的情况下还需要对工厂进行考察。

8.4 总结

变更管理是过程安全管理中的一项关键要素。世界各地的监管机构均就变更管理问题制定了相关要求。一旦确定变更的需求，应严格遵循风险决策流程。如第 5.1 节所述，变更所需的审批级别与决策的复杂程度有关。

本章举例说明了变更管理中涉及的简单决策、中级决策和复杂决策。此外，本章通过真实案例研究介绍了变更决策流程的实际应用，并概述了每个案例中所采用的风险决策方法。

建立基于风险的决策流程有助于组织以一致、有效的方式制定风险决策，分析不同的备选方案，并使用适当的方法纳入正确的利益相关方。设施、组织和工艺的变更均需要进行严格评估，以确保充分了解与变更相关的风险，并做出基于风险的决策。

9 保护层分析和风险矩阵在风险决策中的应用

9.1 简介

风险矩阵和保护层分析均使用数量级进行风险分析，适用于某些风险决策。如第 2.4 节“**风险评估**”所述，Bridges 和 Dowell(2016)指出，99%以上的风险决策可通过定性和半定量方法做出。由此推断，这些方法可能包括定性风险矩阵、半定量风险矩阵和/或保护层分析。在典型的危害识别与风险分析(HIRA)过程中，风险矩阵可用于危害识别阶段(过程危害分析)，必要时还可以将结果用于保护层分析，以便进行风险分析。

9.2 风险矩阵

如第 2.3.3 节所述，风险矩阵是一种二维图表，矩阵上的两个维度分别反映后果和频率等级。风险矩阵通常应用于**风险识别**阶段。

根据频率和后果等级可以确定风险在矩阵中的位置。然后，决策团队可以根据组织的可接受风险提出必要的建议，将风险等级降低到预定水平。在构建定量风险矩阵时，必须注意后果和频率通常根据数量级进行评估。由于单个数值的对数性质，结合后果和频率后得出的风险分数具有加和性。作为一种风险决策工具，风险矩阵有以下几个优点：

- 风险矩阵一次只分析一种事故情景，操作简单。
- 过程危害分析团队可在短期内通过培训掌握风险矩阵。
- 可直观显示风险降低程度。
- 风险矩阵中可纳入组织的可接受风险(和/或审批要求)。
- 可在整个组织内以一致和可重复的方式做出风险决策。
- 频率和后果类别通常采用数量级表示，因此风险矩阵可与保护层分析结合使用。

风险矩阵的缺点：

- 过程危害分析和决策团队可能会高估或低估事故情景的后果。
- 过程危害分析和决策团队可能难以处理或预测超出日常经验的极低频率事件。
- 团队提出的风险降低建议可能受到其他影响，从而导致高估风险的降低程度(对团队负责人就风险分析方法进行适当培训可有效避免这种情况)。

- 风险矩阵的数量级特性可能导致得出保守的结果。
- 风险矩阵不适用于复杂决策或确定整个工艺单元或工厂的总体风险可接受性。

风险矩阵的格式:

定性风险矩阵:定性风险矩阵示例见第 2.3.3 节“**风险估算**”以及图 9.1。表 9.1 和表 9.2所示为定性风险矩阵的后果和频率类别。表 9.3 所示为定性风险矩阵的风险等级和响应措施类别。

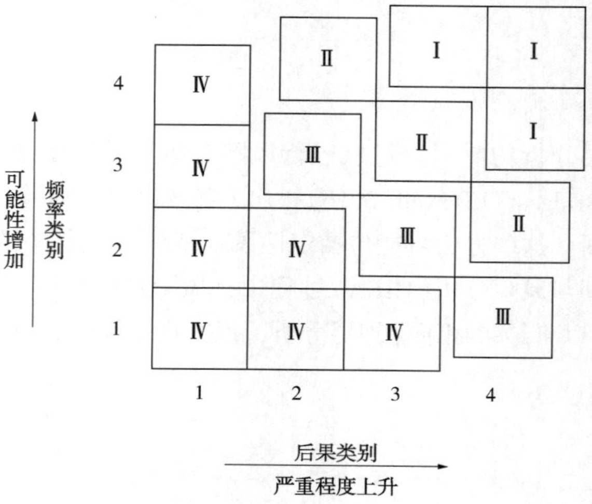

图 9.1　定性风险矩阵示例

表 9.1　后果类别示例——定性风险矩阵

类别	说明
1	无伤害或健康影响
2	轻微至中度伤害或健康影响
3	中度至严重伤害或健康影响
4	永久性伤残或死亡

表 9.2　频率类别示例——定性风险矩阵

类别	说明
1	预计在过程/设施生命周期内不会发生
2	在过程/设施生命周期内可能发生一次
3	在过程/设施生命周期内可能发生多次
4	预计一年内发生一次以上

表 9.3 风险等级/响应措施类别示例——定性风险矩阵

风险等级	说明	响应措施要求
Ⅰ	不可接受	立即采取缓解措施或终止活动
Ⅱ	高	在 6 个月内采取缓解措施
Ⅲ	中	在 12 个月内采取缓解措施
Ⅳ	可接受	无须采取缓解措施

定量风险矩阵： 半定量风险矩阵示例见图 9.2。表 9.4 和表 9.5 所示为定量风险矩阵的后果和频率类别。在图 9.2 中，风险向右上方(深色区域)逐渐递增，通常需要立即采取降低风险的措施；风险向左下方(白色区域)逐渐递减，则代表风险可广泛接受，通常无须采取任何措施；中间区域的风险可能需要进一步详细分析。除非表明风险已降低至合理可行的程度，否则通常需要尽快采取风险降低措施。

		事故情景风险大小				
事故情景频率大小	0	1	2	3	4	5
	−1	0	1	2	3	4
	−2	−1	0	1	2	3
	−3	−2	−1	0	1	2
	−4	−3	−2	−1	0	1
	−5	−4	−3	−2	−1	0
		1	2	3	4	5
		影响程度				

图 9.2 半定量风险矩阵示例(CCPS 2009)

表 9.4 危害评估中使用的环境、健康与安全影响类别和影响程度示例(与图 9.2 结合使用)

项目	影响程度				
影响类别	1	2	3	4	5
现场(工人)健康影响	可记录的伤害	工伤损失	多处或严重受伤	永久性健康影响	死亡
场外(公共)影响	气味，接触低于限值	接触超过限值	伤害	住院或多处受伤	严重伤害或永久性影响
环境影响	应报告的释放	局部和短期影响	中期影响	广泛或长期影响	广泛和长期影响
问责，关注、关切、回应	工厂	分部，监管机构	企业，社区	地方/州	州/国家

表 9.5　基于数量级的初始原因频率范围示例(与图 9.2 结合使用)

数量级 10^x/年	等效原因可能性	与经验范围的比较
0	每年 1 次	无法预测何时发生，但在大多数员工的经验范围内
-1	10 年 1 次 (每运行 1 年，0.1 的概率发生 1 次)	不在某些员工的经验范围内，在过程经验范围内
-2	百年 1 次 (每运行 1 年，0.01 的概率发生 1 次)	超出几乎所有员工的经验范围，在整个工厂的经验范围内
-3	千年 1 次 (每运行 1 年，0.0001 的概率发生 1 次)	超出几乎所有过程的经验范围，可能在整个公司的经验范围内
-4	万年 1 次 (每运行 1 年，0.00001 的概率发生 1 次)	超出大多数公司的经验范围，在整个行业的经验范围内
-5	10 万年 1 次 (每运行 1 年，0.000001 的概率发生 1 次)	除常见的设施和运营类型外，可能超出整个行业的经验范围

9.3　保护层分析

保护层分析是一种广泛使用的半定量风险分析形式。保护层分析中所使用的数据包括：

- **初始事件**：引发事件链，并导致所关注后果的最小故障或错误组合。
- **后果**：事故情景的后果。例如，有毒或易燃物质泄漏到大气中、容器超压破裂或这些后果导致的一人或多人死亡。
- **使能条件**：促使事故发生的必要条件，例如循环模式或进料步骤等操作阶段。
- **修正因子**：在事故情景风险计算中使用的一种或多种概率，通常用于以影响(如死亡)而非初始损失事件(如泄漏、容器破裂)表示风险标准终点的情况。例如，点火概率、特定点火情景引发爆炸的概率或导致伤亡的概率。
- **独立保护层**：独立保护层是指独立于引发事故序列的事件，且独立于保护层分析期间确定为事故序列的任何其他独立保护层的防护措施。独立保护层的概念非常重要，下文第 9.3.1 节将进行详细介绍。

保护层分析通常使用数量级类别来分析和评估一种或多种事故情景的风险，包括初始事件频率、后果、使能条件发生的概率、修正因子以及独立保护层的失效概率。最终事故情景频率是初始事件、使能条件、修正因子和独立保护层的乘积。表 9.6 所示为保护层分析汇总表。

表 9.6 保护层分析汇总表(CCPS 2001)

事故情景编号:	设备编号:	事故情景标题:	
日期:	描述	概率	频率(每年)
后果描述类别			
可接受风险标准(类别或频率)			
初始事件(通常是频率)			
使能事件或条件			
修正因子(如适用)			
	点火概率		
	人员位于受影响区域的概率		
	致命伤害的概率		
	其他		
未缓解后果的频率			
独立保护层			
基础过程控制系统			
人为干预			
安全仪表功能			
压力泄放装置			
其他(必须证明)			
保护措施(非独立保护层)			
所有独立保护层的总按需失效概率	注:包括增加的独立保护层		
缓解后果的频率			
是否满足可接受风险标准?(是/否)			
为满足可接受风险标准需要采取的行动			
备注			
参考资料(危害评估、按需失效概率、工艺管道和仪表流程图等相关链接):			
负责保护层分析的分析师和团队成员:			

应用保护层分析对一组事故情景或后果进行数量级风险评估估算后,可以根据评估结果做出风险决策。这种评估通常与组织的可接受风险标准有关。作为一种风险决策工具,保护层分析有以下几点优势:

- 相较于更复杂的风险决策工具,保护层分析速度快,且可以与过程危害分析结合使用。
- 通过识别事故情景不同的原因和后果,可以不断改进对事故情景的识别。
- 保护层独立性原则有助于简化复杂情况,解决防护措施之间相互影响的问题。可以使用相同方法比较不同单元或工厂的风险。

- 要求确定保护层是否完全独立，可以识别出实际操作中防护措施不足的情况。
- 组织可以开发电子表格等计算模板，设定独立保护层和失效概率，以确保可再现性。

保护层分析的缺点包括：

- 相比于使用风险矩阵，保护层分析在时间和培训方面的要求更高。
- 保护层分析是一种数量级方法，因此结果可能较为保守。
- 保护层分析通常不适用于复杂决策或确定整个单元或工厂的总体风险可接受性。

风险矩阵和保护层分析的共同点包括：

- 一次分析一种风险(或原因–后果)事故情景；
- 需要简单定义可接受风险；
- 需要对个人或团队进行培训。

风险矩阵与保护层分析的一个区别在于，风险矩阵可通过图解方式直观展示频率和后果的下降或减少程度，而保护层分析侧重于研究风险等式中的频率部分。因此，在进行保护层分析前，需要确定用于减少后果的解决方案(如本质更安全设计方案)，并将其作为单独的场景进行分析。

在应用风险矩阵或保护层分析时，需要依据一定的风险标准，确定何时需要建立足够数量的保护层。保护层分析适合采用半定量风险标准。风险矩阵则需要使用定性标准，例如“需要 4 个**独立保护层**才能预防一起现场死亡事故”。

确定单个风险情景的可接受风险后，组织就可以使用风险矩阵和/或保护层分析评估每个情景的定性或半定量风险。

如果在工艺单元或工厂层面定义可接受风险标准，保护层分析可能并非最合适的工具，或者可能需要提供额外的指导，以考虑总体风险，例如为每种情景设定低于整个工艺单元或工厂风险标准的可接受风险。另一种方法是使用更精确的初始事件频率和独立保护层按需失效概率，以提高保护层分析的准确性。如果组织将“最低合理可行”作为风险目标，风险矩阵和保护层分析可以帮助工厂(或企业)确定是否已达到这一目标，但仍需结合其他方法进行风险分析。

9.3.1 独立保护层

在使用风险矩阵或保护层分析进行风险评估估算时，了解独立保护层的概念至关重要。因此，在进行风险评估估算时必需牢记以下要点。

《保护层分析：初始事件与独立保护层应用指南》(CCPS 2015)中列出了独立保护层的核心属性：

- **独立性**：独立保护层的表现不受初始事件或任何其他独立保护层失效的影响。
- **功能性**：独立保护层必须能够防止或减轻事故场景的后果。
- **完整性**：独立保护层具备降低指定风险的能力。
- **可靠性**：独立保护层必须在必要时按要求运作，很少发生故障，且不会意外运作。
- **可审核性**：组织必须能够检查相关程序、记录、历史验证评估数据，以确保独立保护层符合要求。

- **访问安全性**：独立保护层需要受到物理和/或行政管理控制，以减少未经授权的系统变更。
- **变更管理**：对旁路测试或独立保护层受损情况下的临时运行等变更进行审查，以确保制定适当的补救措施。

过程危害分析中往往容易将所有已识别的防护措施视为独立保护层，但这些防护措施可能并不具备独立性、可审核性，或者无法将风险降低至所需程度或发挥独立保护层的作用。使用风险矩阵进行分析时，独立保护层需能够将风险降低至少一个数量级。大多数组织对保护层分析也有相同的要求。

如需了解有关独立保护层的完整内容，可以参阅《保护层分析：简化的过程风险评估》(CCPS 2001)、《保护层分析：初始事件与独立保护层应用指南》(CCPS 2014)和《安全、可靠的仪表保护系统指南》(CCPS 2007)。

9.3.2 保护层分析格式

《保护层分析》(2001)一书中提出一种用于保护层分析的格式，如表 9.6 所示。另一种常用的格式是将表格首列项目置于顶部行，并在下一行列出频率和概率。这两种格式均可通过电子表格实现自动计算。(市面上多数过程危害分析文档程序支持将危险与可操作性分析中的因果情景自动转换为保护层分析。)

9.4 光气处理过程风险决策示例

9.4.1 说明

本案例基于美国化学品安全与危害调查委员会的杜邦公司工厂事故报告，研究其中描述的一种光气气瓶处理系统(见**案例**)。光气是一种高毒性物质，其 ERPG-3 为 1.5ppm，ERPG-2 为 0.5ppm。

系统配备两个容量为 1t 的气瓶，光气通过其中一个气瓶输送至工艺中。气瓶使用压力 70psig 的氮气保护层加压，将光气输送至用气点。气瓶和给料线使用一根直径 6.35mm (1/4in)、长 1.22m(48in)、带有聚四氟乙烯(PTFE)内衬的不锈钢编织软管相连接。

案例：杜邦公司西弗吉尼亚州贝尔工厂死亡事故(CSB 2011)。一名操作员走进小批量制造(SLM)单元的光气气瓶储存区时，一根软管破裂，释放出的光气喷洒至其面部和上半身。听到该操作员呼救，周围同事立即前来救助。个人剂量计显示该操作员已接触到高浓度光气。该操作员被送往医院，并在约 3h 后病情恶化，于次日晚去世。另有两名工人也接触到光气。光气棚顶部封闭，两侧有墙体遮挡，另外两侧开放。工厂围栏处的传感器检测到光气浓度为 0.27ppm。

在事故发生时，软管并未按照维护时间表定期更换，而为解决供料问题，工作人员必须频繁切换 2 个光气气瓶。在切换过程中，光气管线未按照完整的气瓶更换流程使用氮气吹扫，导致光气残留在管线中，并在接下来的一天中不断膨胀，最终导致软管破裂。图 9.3 所示为美国化学品安全与危害调查委员会报告中记录的光气气瓶连接装置(CSB 2011)。

图 9.3 杜邦公司西弗吉尼亚州贝尔工厂的光气气瓶连接装置(由美国化学品安全与危害调查委员会提供)

气瓶排空后，操作员必须用氮气吹扫光气软管，关闭已使用气瓶的氮气和光气阀门，然后打开另一个气瓶的氮气和光气阀门，完成切换。操作员在切换气瓶时佩戴供气式呼吸器，在气瓶重量巡检过程中，只需要佩戴常规的个人防护用品(手套、靴子和防护面罩)。光气棚内安装了多个光气探测器，当检测到浓度 0.05~1ppm 的光气时，控制室内会发出警报。

尽管该事故实际起因是软管未更换和软管内光气受热膨胀，但即使残留光气未受热膨胀，腐蚀作用也会导致未更换的软管最终破裂，并可能致使现场人员伤亡。

9.4.2 光气处理过程风险矩阵示例

图 9.4 所示为上述光气处理过程的风险矩阵。表 9.7 和表 9.8 所示为图 9.4 中的后果和频率类别。

事故情景频率						
	2	3	4	5	6	7
1	1	2	3	4	5	6
2	0	1	2	3	4	5
3	−1	0	1	2	3	4
4	−2	−1	0	1	2	3
5	−3	−2	−1	0	1	2
6	−4	−3	−2	−1	0	1
7	−5	−4	−3	−2	−1	0
8	−6	−5	−4	−3	−2	−1
后果严重程度	2	3	4	5	6	7

图 9.4 风险矩阵示例

风险向右上方递增(深灰色，正数)，通常需要立即采取降低风险的行动。

风险向左下方递减(浅灰色，负数)，风险可广泛接受，通常无须采取任何行动。

可接受风险(白色，0)。除非显示风险已降至合理可行的最低水平，否则通常需要进一步降低风险。

> **注意**：图 9.4 中的风险矩阵旨在说明使用风险矩阵和保护层分析制定基于风险的决策时所使用的逻辑和方法，并非针对过程工业制定特定风险标准提出的具体建议。
>
> 《保护层分析：简化的过程风险评估》(CCPS 2001)、《危害评估程序指南(第 3 版)》(CCPS 2008)和《定量风险标准制定指南》(CCPS 2009)中提供了风险矩阵的参考示例。在制定风险标准时，企业必须考虑自身面临的各种特殊因素(如社会、法律、商业、监管等)，并遵循《定量风险标准制定指南》(CCPS 2009)中提出的相关要求。

表 9.7 图 9.4 风险矩阵中的频率类别

数量级 10^{-x}/a	每运行一年的等效原因可能性	与经验范围的比较
0	1	无法预测何时发生，但在大多数员工的经验范围内
1	10^{-1}	超出某些员工的经验范围，在过程经验范围内
2	10^{-2}	超出几乎所有员工的经验范围，在整个工厂的经验范围内
3	10^{-3}	超出几乎所有过程的经验范围，可能在整个公司的经验范围内
4	10^{-4}	超出大多数公司的经验范围，在整个行业的经验范围内
5	10^{-5}	除常见类型的设施和操作以外，可能超出整个行业的经验范围
6	10^{-6}	除常见类型的设施和操作以外，可能超出整个行业的经验范围
7	10^{-7}	超出整个行业的经验范围

表 9.8 图 9.4 风险矩阵中的后果类别

	后果类别					
影响类别	2	3	4	5	6	7
现场健康影响	可记录的伤害	多处或严重受伤	住院治疗或多处受伤	1~3 人死亡	4~10 人死亡	11 人或以上人数死亡
场外(公众)影响	异味	接触浓度超过 ERPG-2	接触浓度超过 ERPG-3	住院治疗或多处受伤	1~3 人死亡	4 人或以上人数死亡

评估基线风险： 对软管破裂后的光气泄漏建立简单的扩散模型，显示光气达到 ERPG-2 和 ERPG-3 浓度的距离远超厂界，因此可能导致场外人员死亡。为便于举例说明，我们假设可能造成 1~3 人死亡。

确定备选方案： 如第 7.4 节“本质更安全设计示例”所述，可检验的风险降低备选方案及其按需失效概率如下：

方案 A. 改用 Monel® 材料制成的软管，包括芯部、编织层和端部配件。(杜邦公司内部标准推荐用于处理光气的软管类型。)

方案 B. 封闭光气气瓶处理单元，并将封闭空间气体排放至洗涤器。在基础过程控制系统(BPCS)中持续监控封闭空间排放系统和洗涤器的运行情况。

方案 C. 将气瓶连接装置和相关阀门封闭在类似手套箱的封闭空间内，并将封闭空间气体排放至洗涤器。在基础过程控制系统中持续监控封闭空间排放系统的运行情况。

方案 D. 要求操作员在光气棚内时始终佩戴供气设备。

方案 E. 在整个光气厂房内安装分析仪；在检测到光气时关闭所有光气阀门，并发出声光报警，防止操作员在检测到光气泄漏时进入厂房。

方案 F. 在光气气瓶出口安装一个自动阀门，检测到光气泄漏时自动关闭。

方案 G. 将整个光气气瓶储存和处理系统封闭在一个建筑物内，安装排放系统并直接将出口空气排至洗涤器。

筛选备选方案： 使用风险矩阵筛选备选方案见第 9.5 节，使用保护层分析进行筛选见第 9.6 节。

制定决策： 根据风险矩阵制定决策见第 10.4 节，根据保护层分析制定决策见第 10.5 节。

9.5 使用风险矩阵的光气决策流程示例

评估基线风险： 软管破裂的通用故障率可能为 0.1~0.01/a(CCPS 2001 和 CCPS 2015)。

注：尽管软管破裂的直接原因是热膨胀，但腐蚀作用最终也会导致软管失效，因此使用此故障率具有合理性。

对于上述案例中的软管(聚四氟乙烯/不锈钢)，初始事件率设定为 0.1/a，对应风险矩阵中的 1 级事故情景频率。后果是现场内外可能有 1~3 人死亡，对应的后果严重程度为现场 5 级和场外 6 级。风险类别分别是现场 4 级和场外 5 级。如图 9.5 所示。

事故情景频率	0	2	3	4	5	6	7
	1	1	2	3	**4**	**5**	6
	2	0	1	2	3	4	5
	3	−1	0	1	2	3	4
	4	−2	−1	0	1	2	3
	5	−3	−2	−1	0	1	2
	6	−4	−3	−2	−1	0	1
	7	−5	−4	−3	−2	−1	0
	8	−6	−5	−4	−3	−2	−1
		2	3	4	5	6	7
		后果严重程度					

图 9.5 以光气气瓶为例的现场(浅灰色)和场外(深灰色)基线风险

筛选备选方案——现场风险： 为达到可接受风险水平，需要将频率降低 4 个数量级。方案 A(Monel®软管)可将故障频率降低一个数量级。方案 B 或方案 C(封闭空间)可将频率降低第二个数量级。方案 D(全程佩戴全套个人防护用品)可降低第三个数量级。方案 E 或方案 F 可进一步降低第四个数量级。图 9.6 所示为风险降低情况。

场外风险： 分析表明，为满足场外风险标准，必须增加一个独立保护层。方案 G 可满足这一要求。然而，风险分析师或研究团队需要意识到，由于方案 B 或 C 需要在基础过程控制系统中使用联锁，因此，方案 E 中为监控洗涤器状态增设的所有仪表均需安装在一个单独的系统中，即安全仪表系统。

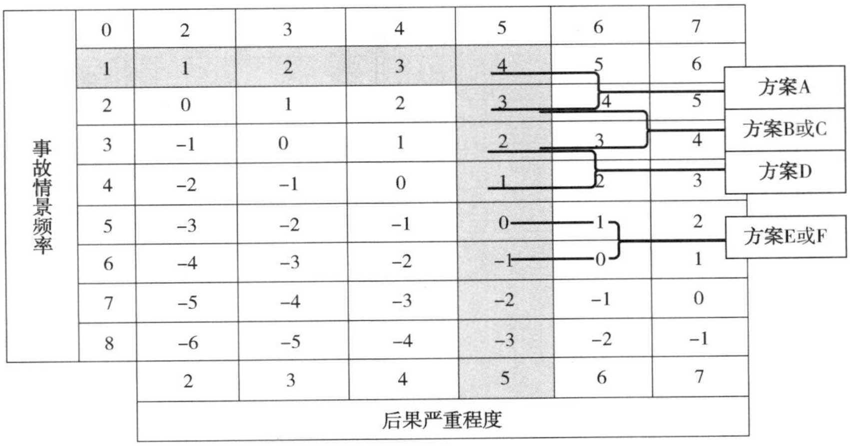

图 9.6 降低现场风险的备选方案(浅灰色)

9.6 使用保护层分析的光气决策流程示例

评估基线风险：表 9.9 和表 9.10 所示分别为现场和场外风险的基线风险。保护层分析中明确考虑了满足独立保护层要求的现有防护措施，因此基线风险并不完全等同于风险矩阵中的风险。无论是现场风险还是场外风险，均无法满足该组织的可接受风险标准。

表 9.9 现场基线风险——软管破裂

事故情景编号：基准 1	**事故情景标题：**光气软管破裂造成现场影响	**设备编号：**FH101	
日期：	**说明**	**概率**	**频率/a^{-1}**
后果类别描述	当操作员在光气棚内时，光气进料软管全孔破裂，释放出光气，造成现场 1~3 人死亡(后果类别 5)		
可接受风险标准(类别或频率)	现场死亡的可接受风险 = 每年 1/100000(频率类别 5)		1.0E-05
初始事件(通常是频率)	腐蚀导致软管全孔破裂 = 0.1/a(1)		0.1
使能事件或条件	无	1	
修正因子(如适用)			
	着火概率	1	
	人员位于受影响区域的概率：操作员在厂房内检查气瓶重量，总时间约为 0.5~1h/班次	0.1	
	接触概率	1	
	其他	1	

续表

事故情景编号：基准 1	事故情景标题：光气软管破裂造成现场影响	设备编号：FH101	
日期：	说明	概率	频率/a⁻¹
未采取缓解措施的后果发生频率			0.01
独立保护层			
基础过程控制系统		1	
人为干预	软管每 3 个月更换一次	0.1	
安全仪表功能		1	
泄压装置	不适用	1	
其他(必须说明理由)		1	
保护措施(非独立保护层)		1	
所有独立保护层的总按需失效概率		0.1	
采取缓解措施的后果发生频率			1.0E-03
是否符合可接受风险标准？(是/否)			否

表 9.10　场外基线风险——软管破裂

事故情景编号：基准 1		事故情景标题：光气软管破裂造成场外影响	设备编号：FH101	
日期：		说明	概率	频率/a^{-1}
后果类别描述		光气进料软管全孔破裂，释放出光气，造成场外 1~3 人死亡(后果类别 6)		
可接受风险标准(类别或频率)		场外死亡的可接受风险＝每年 1/1000000(频率类别 6)		1.0E-06
初始事件(通常是频率)		腐蚀导致软管全孔破裂＝0.1/a(1)		0.1
使能事件或条件		无	1	
修正因子(如适用)				
		着火概率	1	
		人员位于受影响区域的概率	1	
		接触概率	1	
		其他	1	
未采取缓解措施的后果发生频率				0.1
独立保护层				
基础过程控制系统			1	
人为干预		软管每 3 个月更换一次	0.1	
安全仪表功能			1	
泄压装置		不适用	1	

续表

事故情景编号：基准 1	事故情景标题：光气软管破裂造成场外影响	设备编号：FH101	
日期：	说明	概率	频率/a^{-1}
其他(必须说明理由)		1	
保护措施(非独立保护层)			
		1	
所有独立保护层的总按需失效概率		0.1	
采取缓解措施的后果发生频率			1.0E-02
是否符合可接受风险标准？(是/否)			否

上述保护层分析示例中每种备选方案的按需失效概率数据来自**《保护层分析：初始事件与独立保护层应用指南》**(CPPS 2015)。数据表列出了按需失效概率满足独立保护层要求所需的设计标准和性能验证方法。上述部分备选方案如果结合使用，可能需要配置安全仪表功能，并通过保护层分析确定安全完整性等级(SIL)。

筛选备选方案： 如果组织已制定事故后果的定量风险标准，则可以使用保护层分析筛选备选方案。

现场风险： 现场风险需要降低至少三个数量级。表 9.11 所示为现场风险的保护层分析评估。

表 9.11 缓解后的现场风险——软管破裂

事故情景编号：1a	事故情景标题：光气软管破裂造成现场影响	设备编号：FH-101	
日期：	说明	概率	频率/a^{-1}
后果类别描述	当操作员在光气棚内时，光气进料软管全孔破裂，释放出光气，造成现场 1~3 人死亡(后果类别 5)		
可接受风险标准(类别或频率)	现场死亡的可接受风险 = 每年 1/100000(频率类别 5)		1.0E-05
初始事件(通常是频率)	腐蚀导致软管全孔破裂 = 0.1/a(1)		0.1
使能事件或条件	无		
修正因子(如适用)			
	着火概率	1	
	人员位于受影响区域的概率：操作员在厂房内检查气瓶重量，总时间约为 0.5~1h/班次	0.1	
	造成致命伤害的概率	1	
	其他		

续表

事故情景编号：1a	事故情景标题：光气软管破裂造成现场影响	设备编号：FH-101	
日期：	说明	概率	频率/a^{-1}
未采取缓解措施的后果发生频率			0.01
独立保护层			
基础过程控制系统	封闭光气气瓶处理装置，并将封闭空间的气体排放至洗涤器中。在基础过程控制系统中持续监控封闭空间排放系统和洗涤器的运行情况(注 1)	0.01	
人为干预	软管每 3 个月更换一次	0.1	
安全仪表功能			
泄压装置			
其他(必须说明理由)	操作员在光气棚内必须佩戴供气设备(注 2)	0.1	
保护措施(非独立保护层)	操作员在光气棚时受到闭路电视的监控		
所有独立保护层的总按需失效概率	注：包括新增的独立保护层	0.0001	
采取缓解措施的后果发生频率		1E-6	
是否符合可接受风险标准？(是/否)		是	
事故情景编号：1a	事故情景标题：光气软管破裂并造成现场影响	设备编号：FH-101	
达到可接受风险标准所需采取的行动	方案 B 和方案 C		
备注	1. 带有自动性能监测的持续通风——数据表 5.38(CCPS 2015，p.236) 2. 个人防护用品——数据表 5.49(CCPS 2015，p.262)		
参考资料(危害评估、按需失效概率、工艺管道和仪表流程图等链接)			
保护层分析分析师和团队成员			

结合方案 B 和方案 C 可将风险降低至低于可接受水平一个数量级的频率。分析表明，使用方案 A 代替方案 B 可实现同等的风险降低程度。单独使用方案 A 或方案 B 可使工艺达到现场可接受风险标准。然而，如需进一步降低风险，使用供气设备可额外提供有效的独立保护层。如果企业将最低合理可行作为风险目标，则必须满足这一要求。

场外风险：在进行场外风险评估前，已知必须满足更严格的可接受风险标准(即频率类别 5 上升为频率类别 6)。此外，人员位于受影响区域的概率这一使能条件不成立，并已知个人防护用品无法作为有效的独立保护层。然而，评估场外影响可能需要基于更大的释放量，这可能会影响初始事件发生的频率，因此需要将风险降低四个数量级。表 9.12 所示为场外风险的保护层分析情况。如果方案 D 是 SIL-2 级的安全仪表功能(按需失效概率 = 0.01)，则使用方案 A 或方案 B 以及方案 D 可达到该工厂的可接受风险标准。

表 9.12 缓解后的场外风险——软管破裂

事故情景编号：1b	**事故情景标题**：光气软管破裂造成场外影响	**设备编号**：FH-101	
日期：	**说明**	**概率**	**频率/a^{-1}**
后果类别描述	光气进料软管全孔破裂，释放出光气，造成场外 1~3 人死亡(后果类别 6)		
可接受风险标准(类别或频率)	场外死亡的可接受风险=每年 1/1000000(频率类别 6)		1.0E-06
初始事件(通常是频率)	腐蚀导致软管全孔破裂=0.1/a(1)		0.1
使能事件或条件	无		
修正因子(如适用)			
	着火概率	1	
	人员位于受影响区域的概率	1.0	
	造成致命伤害的概率	1	
	其他		
未采取缓解措施的后果发生频率			0.1
独立保护层			
基础过程控制系统	封闭光气钢瓶处理装置，并将封闭空间的气体排放至洗涤器。在基础过程控制系统中持续监控封闭空间排放系统和洗涤器的运行情况	0.01	
人为干预	软管每 3 个月更换一次	0.1	
安全仪表功能	在整个光气厂房内安装分析仪；在检测到光气时关闭所有光气阀门，并在检测到泄漏时发出声光报警，防止操作员进入厂房(注 1)	0.01	
泄压装置			
其他(必须说明理由)			
保护措施(非独立保护层)	操作员在光气棚内时受到闭路电视的监控		
所有独立保护层的总按需失效概率	注：包括增加的独立保护层	0.00001	
采取缓解措施的后果发生频率			1E-6
是否符合可接受风险标准？(是/否)		**是**	
达到可接受风险标准所需采取的行动	方案 A 或方案 B 和方案 D		
备注	停车系统安全仪表功能必须达到 SIL-2 级才能满足风险标准		

制定决策：在该阶段可使用风险矩阵或保护层分析制定风险决策。该工厂可以部署方案 A 或 B(视成本效益而定)，同时部署方案 C 和方案 D。然而，上述保护层分析仅涉及一种事故情景，该工厂还需要以相同的方式识别并分析所有可能的释放情景。为简单起见，上述示例中未考虑方案实施时间表、所需资源等因素，但在最终决策中需进行全面考量。

在做出最终决策前，该工厂还可以选择进一步定义当安装封闭装置并将气体排放至洗涤器时的事故情景后果。通过这种方式，即使排放系统和洗涤器失效，也可以将场外后果类别控制在较低水平，这实质上是一种本质更安全设计。例如，场外后果可能从“可能造成死亡”降至“接触非致命剂量”。在这种情况下，场外风险的后果类别可能从 6 降为 5，紧急停车系统的安全完整性等级可能从 SIL-2 变为 SIL-1。但该工厂也可以选择停止分析并部署选定方案。

9.7 总结

在实际分析中，可能需要分析更多的事故情景，但上述示例所涉及的过程相对简单，无须考虑太多其他的事故情景。因此，相关考量因素仅构成中级决策，风险矩阵或保护层分析均可作为适用的风险分析工具。

10　定量风险分析和安全风险标准在风险决策中的应用

10.1　化工过程量化风险分析(CPQRA)简介

如第5章所述，定量风险分析通常适用于涉及风险情景多、资金成本高和/或可能导致严重后果的复杂决策。就某些决策而言，部分定量风险分析足以提供充分信息。例如，采用故障树分析方法研究涉及多种因素的风险情景，同时结合人因可靠性分析，或在事件树中对潜在设备泄漏情景进行详细的后果分析。而完整的定量风险分析可以作为整个决策流程的最后一环，包括计算多种风险情景的发生频率，并通过计算对风险情景的潜在影响进行后果分析。定量风险分析流程详见图10.1。

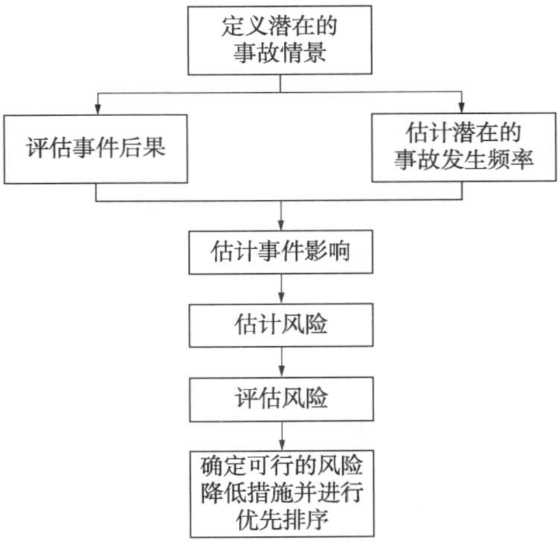

图10.1　定量风险分析流程(CCPS 1999)

10.1.1　计算频率

第2.3.2节"频率"和第2.3.3节"风险估算"说明了如何在过程危害分析中估算频率。这些估算结果可以通过使用设备或系统故障率数据库、人因失误故障率估算，或者结合故障树分析、事件树分析等其他分析方法进行改进。

故障树分析是一种演绎式分析法，使用布尔逻辑符号(即与门和或门)将*顶事件*的原因分解为基本设备故障和人因失误(称为基本事件)。图10.2所示为简化的工艺区域火灾事件故障树。

故障树分析的优势：故障树可以同时分析多种事故情景。因此，故障树分析适用于分析复杂问题。此外，故障树分析的结果可能比保护层分析更准确，可以降低分析结果的局限性。

故障树分析的缺点：故障树分析需要投入大量资源。创建故障树需要训练有素且经验丰富的分析师，许多组织可能需要聘请顾问开展故障树分析。创建故障树还需要对研究过程有全面透彻的理解，因此需要过程和技术相关专业人员与分析师共同进行研究，其中可

能还包括操作人员。故障树分析所需的故障率数据和故障概率可能难以获取，有时只能获取通用数据，需要专业判断来决定使用哪些数据。此外，由于故障树分析需要运用布尔运算进行求解，因此通常需要使用专门的软件程序来计算解决方案。

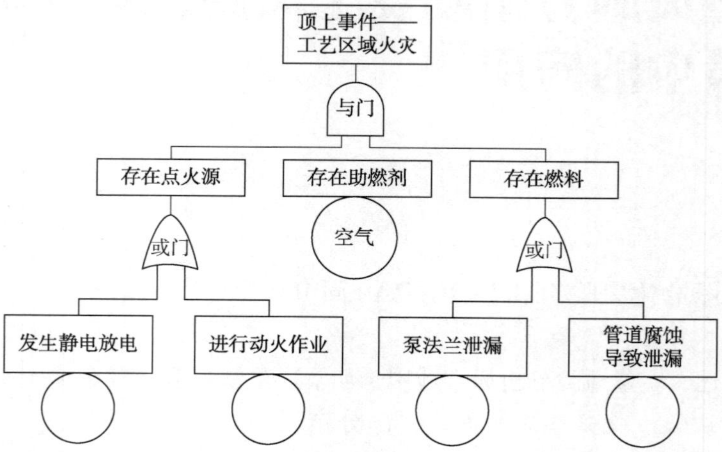

图 10.2　火灾故障树示例

事件树分析是一种图示分析法，用于展示初始事件发生后，保护层成功或失效情况下可能导致的各种结果。每种结果即表示一种风险情景。事件树有助于识别和展示复杂过程中可能由于故障引发的多种后果和风险。将初始事件频率乘以保护层成功或失效的概率，即可得出每种结果的可能性。图 10.3 所示为已绘制完成的事件树。

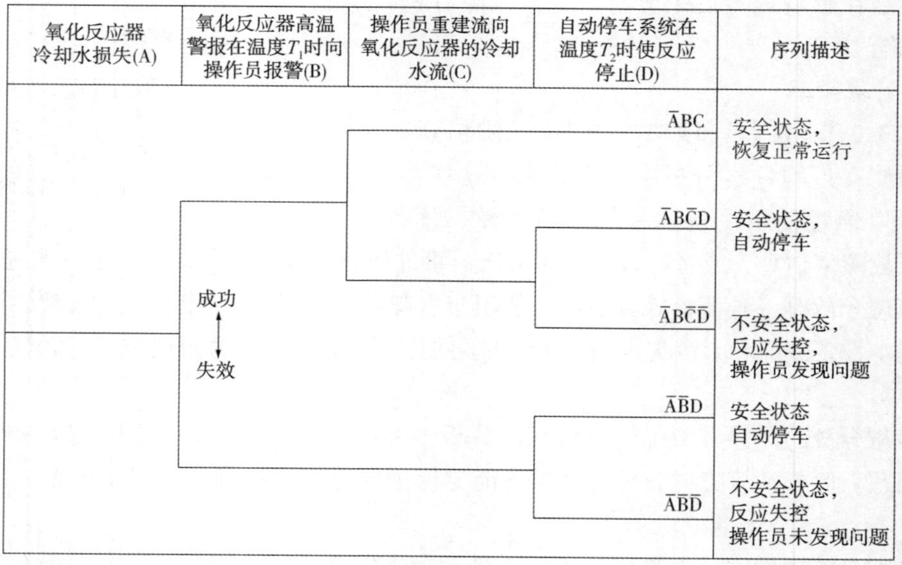

图 10.3　事件树示例(CSB 2008)

事件树具有与故障树相同的优点。然而，事件树的求解比故障树更简单，可以使用电子表格创建和求解，也可以使用现成的软件包构建和求解。此外，事件树也有助于以简化的方式说明和解释事件可能导致的结果。如图 10.3 所示，第一行中描述的每种故障事件的概率可以通过判断或计算概率的方式进行估计。

故障树和事件树通常结合使用。例如，图 10.3 中的初始事件“*氧化反应器冷却水损失*”可通过故障树进行计算。保护层“*自动停运系统使反应停止*”的失效概率也可以通过故障树分析进行计算。

蝴蝶结模型：结合故障树分析与事件树分析，组织能够使用领结模型以图解形式分析风险情景。图 10.4 所示为领结模型示例。该模型左侧所示为风险情景的威胁(危险)、原因(初始事件)和屏障(预防性保护层)，右侧所示为风险情景的屏障(缓解保护层)。领结模型并非计算方法，但能够非常直观地展示和解释与过程相关的风险情景、保护层以及对操作员和决策者的潜在影响。Pitblado 和 Weijand(2014)的文章概述了领结分析法，更详细的内容可参阅《风险管理中的领结：过程安全概念书》(*Bow Ties in Risk Management*：*A Concept Book for Process Safety*，CCPS 2018)。

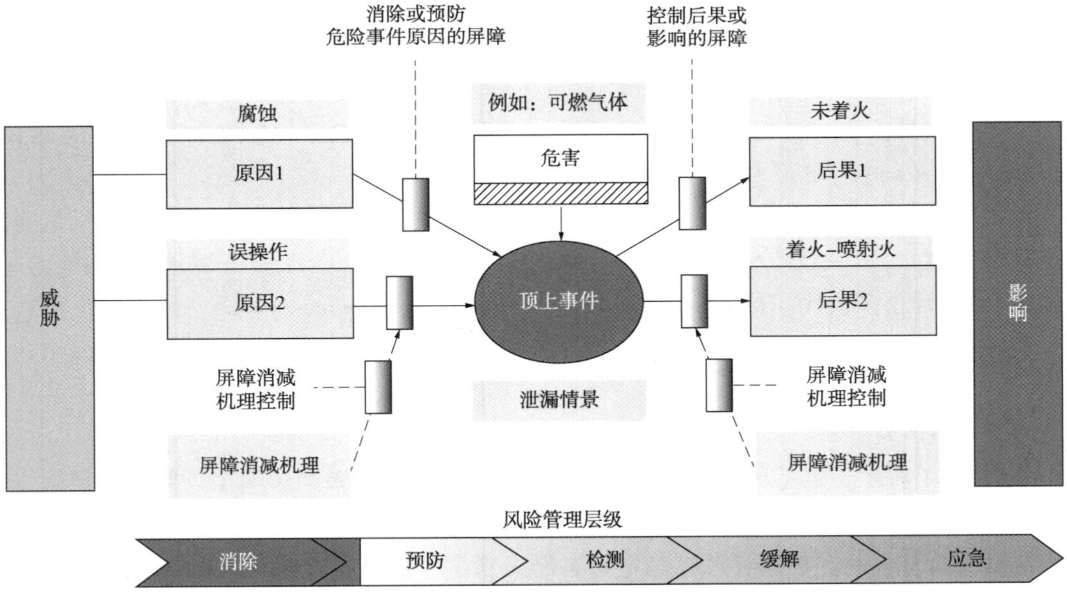

图 10.4　领结模型示例(Pitblado 和 Weijand，2014)

10.1.2　计算后果

定量风险分析使用一系列模型计算事故情景的后果和影响。

释放模型或源模型可以依据包括孔口或开口的大小和方向、泄漏源温度和压力、释放持续时间等参数计算释放的规模(速率和释放量)和特征(如液体、蒸气，或液体和蒸气混合)。

扩散模型使用释放模型的结果，计算释放物质达到指定浓度(如指定毒性浓度)的距离

或者达到燃烧下限的距离。因此，使用扩散模型可以估计释放的影响区域。

后果模型使用释放和扩散模型的结果来计算释放的影响。例如，这些模型可以计算火灾的热辐射、易燃物质释放引起的爆炸超压，或者有毒物质释放后达到有毒物质指定浓度的距离。

影响模型可以使用上述模型的结果，计算因暴露于火灾热辐射、爆炸超压或有毒物质剂量而导致死亡的可能性。

后果和影响模型所使用的数据参考来源包括：

- 《化学品释放后果分析指南》(*Guidelines for Consequence Analysis of Chemical Releases*, CCPS 1995)；
- 《理解化学品释放的大气扩散》(*Understanding Atmospheric Dispersion of Chemical Releases*, CCPS 1995a)；
- 《蒸气云扩散模型使用指南》(*Guidelines for Use of Vapor Cloud Dispersion Models*, CCPS 1996)；
- 《蒸气云爆炸、压力容器爆裂、沸腾液体膨胀蒸气云爆炸与闪燃危险指南(第 2 版)》(*Guidelines for Vapor Cloud Explosion, Pressure Vessel Burst, BLEVE and Flash Fire Hazards, 2nd Edition*, CCPS 2010)；
- 《外部爆炸、火灾和有毒物质释放对过程工厂建筑物的影响评估指南(第 2 版)》(*Guidelines for Evaluating Process Plant Buildings for External Explosions, Fires, and Toxic Releases, 2nd Edition*, CCPS 2012)。

化工过程安全中心开发了可用于上述多种计算的免费电子表格工具，包括化学危害工程基础(CHEF)，以及风险分析筛选工具(RAST)。如需获取以上工具，请登录 CCPS 的"资源和工具"页面下载使用。(https://www.aiche.org/ccps/resources/tools)

美国环境保护署开发了一款免费的危害建模程序 Aloha®，可以执行扩散和影响建模分析。

10.1.3 定量风险分析

如图 10.1 所示，定量风险分析使用前文所述的频率、后果和影响工具对过程风险进行评估。

定量风险分析的优势在于可以确定所有已识别事故情景对总体风险的影响程度，从而对各项风险决策进行优先排序。此外，定量风险分析还可以分析风险降低方案的有效性。

定量风险分析的缺点包括：

- 定量风险分析需要投入大量资源，依赖掌握建模工具相关知识的专家，以及工厂运营和工艺技术领域的相关人员。
- 定量风险分析的结果可能较难理解，向决策者解释的难度较大。
- 由于相关研究人员的技能水平存在差异，不同研究结果的可再现性难以保证。

《超越危险与可操作性分析和保护层分析：四家公司的不同方法》(*Beyond HAZOP and LOPA: Four Different Companies Approaches*, Chastain 等, 2017)一文中介绍了如标题所示由伊

士曼化学(Eastman Chemical)、陶氏化学(Dow Chemical)、塞拉尼斯(Celanese)和巴斯夫(BASF)四家公司所采用的风险评估方法。其中每家公司在开展定量风险分析前，均进行了过程危害分析、保护层分析、故障树分析和事件树分析。某些监管机构可能要求在完成过程危害分析后进行定量风险分析。

10.2 安全风险标准

10.2.1 风险标准的范围

风险标准可以应用于单一风险情景，也可以应用于整个单元或设施。

基于单一事故情景的风险标准易于施行，即可以使用更简单的风险分析工具，如保护层分析、故障树分析、事件树分析和/或人因可靠性分析。如果组织选择使用单一风险情景，可能需要制定较整个单元要求更为严格的风险标准，以满足整个单元的可接受风险标准。

反之，基于整个单元或设施的风险标准可能需要使用更复杂的风险分析工具，以便评估多种风险情景。但在这种情况下，将整个单元的风险标准除以风险情景的数量可以估算得出每种情景的可接受风险。

如第2.3.3节“风险估算”所述，风险标准可采用风险指数、个人风险和社会风险三种衡量指标。

10.2.2 个人风险和社会风险

个人风险指标。个人风险(也称为地理风险)是指单个人暴露于危险区域所面临的风险。个人风险指标可以采取以下几种形式：

- **个人风险等值线**：类似于地图上的地形等高线，以图形方式表示危险地点周围的恒定风险水平。个人风险等值线示例如图10.5所示。
- **最大个人风险**：暴露人群中承受最高风险的个人所面临的风险，例如在单元中工作的操作员所面临的风险。
- **峰值个人风险**：无论风险暴露持续时间有多短，个人可能面临的最大瞬时风险。
- **平均个人风险(暴露人群)**：暴露于特定事故情景的整个人群(如某建筑物内的所有操作员)的平均个人风险。
- **平均个人风险(总人口)**：既定人群的人均风险，无论该人群中是否所有人都暴露于该风险。
- **平均个人风险(暴露小时/工作小时)**：某项活动的个人风险，该风险的计算基于该活动的持续时间或者工作日内的平均时间。

社会风险指标。社会风险表示可能影响大量人群的事件对群体造成的风险。社会风险通常表示为每年一人或多人死亡的风险，适用于现场和场外人群。分析社会风险最常用的方式是绘制频率-数量(F-N)曲线图，其中F表示导致N人或以上人数死亡的所有事件的累积频率。图10.6所示为三条F-N曲线。

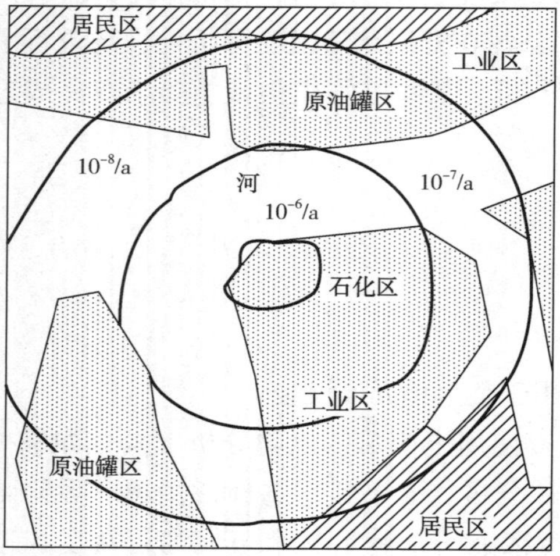

图 10.5　个人(或地理)风险等值线示例

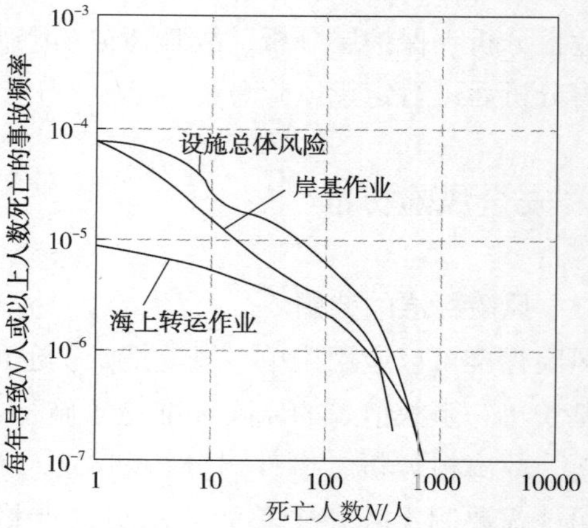

图 10.6　频率-数量(F-N)曲线示例(CCPS 2000)

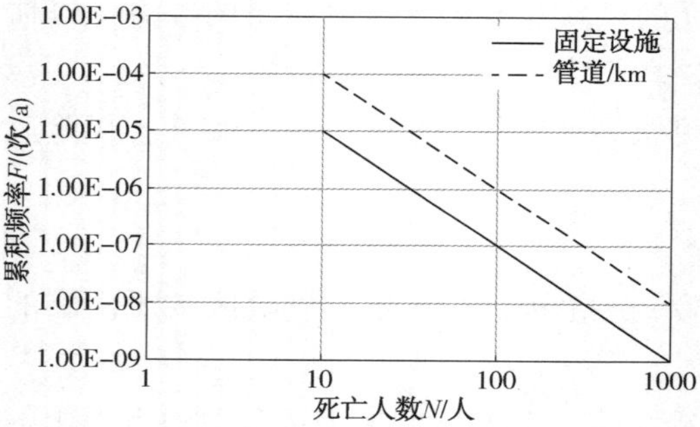

图 10.7　荷兰社会风险标准(Pitblado 2012)

部分国家或地区已经建立了社会风险标准。实际上，某些企业仅在国家风险标准有明确规定时开展完整的定量风险分析。图 10.7 所示为荷兰的社会风险标准。有些组织已建立内部的安全(以及环境和商业)风险标准。开展定量风险分析的目的之一在于证明某一过程或设施符合既定标准。如需了解更多详细信息，可参阅《定量风险标准制定指南》(CCPS 2009)。

针对部分情况制定风险标准的国家或地区包括：阿布扎比、巴西、比利时、爱尔兰、荷兰、沙特阿拉伯和英国(Pitblado 等，2012)。

《超越危险与可操作性分析和保护层分析：四家公司的不同方法》(Chastain 等，2017)一文中介绍了巴斯夫(BASF)、陶氏化学(Dow Chemical)、伊士曼化学(Eastman Chemical)和塞拉尼斯(Celanese)采用的风险标准，以及每家公司所使用的风险分析工具。截至该文章撰写时，每家公司所使用的标准和工具分别为：

- 巴斯夫(BASF)：半定量四乘五风险矩阵(表 10.1)。
- 塞拉尼斯(Celanese)：五乘六风险矩阵，其中分为不可接受、最低合理可行、可忽略不计三个风险区域。使用故障树分析和事件树分析进行精确分析。
- 陶氏化学(Dow Chemical)：半定量风险标准，以及保护层分析、故障树分析和定量风险分析(必要时)。该公司就何时使用这些工具制定了内部指南。
- 伊士曼化学(Eastman Chemical)：结合后果和风险升级标准来决定使用哪些工具。

表 10.1 巴斯夫(BASF)风险矩阵

项目	严重度			
概率	S1	S2	S3	S4
P0	A	B	D	E
P1	A/B *	B	E	E
P2	B	C	E	F
P3	C	D	F	F
P4	E	F	F	F

* 根据具体情况决定 A 或 B。

概率：

P0：发生过几次(每年一次或以上)。

P1：发生过一次(大约 10 年一次)。

P2：差点发生，未遂事故(大约 100 年一次)。

P3：从未发生过，但可以预见(大约 1000 年一次)。

P4：合理预计不会发生(少于每 10000 年一次)。

严重度(对健康的影响)：

S1 现场：可能造成一人或多人死亡。

S2 现场：可能造成一人或多人重伤(不可逆)。

S3 现场：可能造成一人或多人误工伤害。

S4 现场：可能造成轻微伤害或刺激。

风险等级(最低要求风险降低措施)：

A：优先考虑工艺或设计变更。

B：工艺或设计变更，需要一个相当于 SIL3 等级的保护装置(如安全阀、安全仪表系统)。

C：工艺或设计变更，需要一个相当于 SIL2 等级的保护装置(如安全阀、安全仪表系统)。

D：一套可靠的监控设备(带有测试记录)或者可靠的管理程序。

E：一套监控设备或者管理程序。

F：无须采取技术措施。

表 10.2 比较了上述四家公司所用标准的复杂程度和使用的工具。

表 10.2 四家公司所采用标准的复杂程度和所用工具比较(Chastain 等，2017)

公司	复杂程度	主要工具 *	故障树分析或人因可靠性分析	定量风险分析
巴斯夫(BASF)	低	安全概念+检查表(工艺管道和仪表流程图审查、HAZOP 和风险矩阵)	仅用于低频率/高严重性事件	按照监管要求
陶氏化学(Dow Chemical)	中	火灾爆炸指数 F&EI、化学品暴露指数 CEI、反应性化学品 RC-过程危害分析 PHA、问卷调查和保护层分析 LOPA	特殊情况	用于高风险过程和/或按照监管要求

续表

公司	复杂程度	主要工具*	故障树分析或人因可靠性分析	定量风险分析
伊士曼化学(Eastman Chemical)	中	单元操作专项检查表和保护层分析 LOPA	特殊情况	按照监管要求
塞拉尼斯(Celanese)	高	HAZOP、失效模式及影响分析 FMEA、检查表分析和假设分析 对于高后果事件：故障树分析 FTA、事件树分析 ETA 和风险矩阵	常用	按照监管要求和用于验证简化方法

*在风险管理不适用 RAGAGEP(公认并被广泛接受的良好工程实践)、监管要求和公司具体标准与要求的情况下。

10.2.3 持续改进

"风险标准还必须能够推动持续改进。我们的目标是以具有成本效益的方式提高安全性，降低设施风险。仅满足既定的风险标准'远远不够'，必须进一步寻求更多具有成本效益的风险降低方案。在既定的风险范围内，评估多种风险降低备选方案的成本效益，是实现持续改进的一种有效策略。"(Hendershot 1996)

英国石油公司重大事故风险(MAR)计划就是推动持续改进的一个例子，见图 10.8。

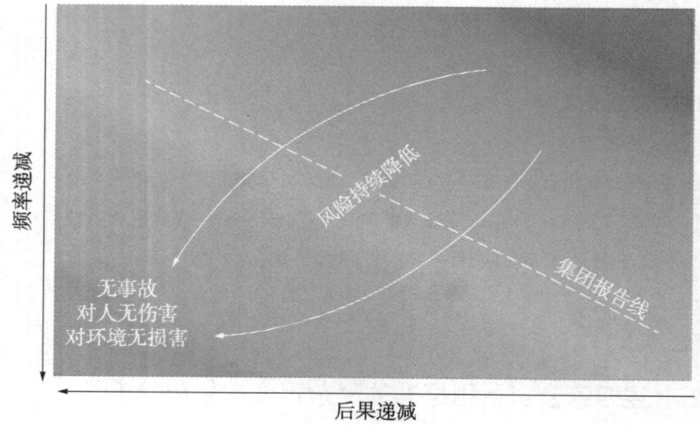

图 10.8　英国石油公司的集团社会风险概况(Considine 和 Hall，2009)

10.3　高后果-低概率(HCLP)事件

社会对于影响大量人群的事件的可接受度日益降低。因此，尽管美国公众可以容忍每年在公路和高速公路上因交通事故造成 3 万~4 万人死亡(每次事故造成 1~5 人死亡)，但一次可能造成几十人死亡的客机坠毁事故却会引发全国关注。

高后果-低概率事件可能威胁组织的存续。例如，2005 年 3 月 23 日英国石油公司得克萨斯城炼油厂发生爆炸事故，造成 15 人死亡。大约三年后，该炼油厂又发生一起死亡事故。第一次事故引起的社会反响程度是第二次事故的 15 倍以上。

有鉴于此，某些组织使用斜率为-2 甚至-3 的 $F-N$ 曲线。因此，10 人死亡事故的允许频率可能是单人死亡事故允许频率的 1/100(斜率-2)，即 10 人死亡事故的严重程度是单人死亡事故的 100 倍。

处理高后果-低概率事件的另一种方式是采用基于后果的评估方法。例如，在基于风险的设施选址研究中，可能会考虑基于 1.27cm(1/2in)、5.08cm(2in)和 15.24cm(6in)泄漏事故的超压等值线对占用建筑物的影响，然后将后果(建筑物损坏与潜在的人员伤亡)与相应尺寸泄漏事故的频率相结合。根据 15.24cm 泄漏事故的频率，研究可能会得出如下结论：即使建筑物位于 15.24cm 泄漏爆炸超压等值线内，风险仍然可接受。而在基于后果的评估方法中，超压区域内禁止设立任何占用建筑物。

高后果-低概率事件案例： 联合碳化物公司(Union Carbide)在印度博帕尔的甲基异氰酸酯(MIC)泄漏事故是高后果事故的一个典型案例。尽管确切的伤亡人数仍存在争议，但据保守估计，该事故造成至少 3000 人死亡，受伤人数估计在数万人至数十万人不等。

事件起因是水污染了甲基异氰酸酯储罐，引发放热反应。关于水造成污染的具体原因，研究人员持有几种不同观点。一种认为，水从一百多米外的水源通过公用通风管道进入储罐。另一种认为，心存不满的员工蓄意将水引入储罐。还有一些观点认为，储罐没有加压导致水从洗涤器不断流入储罐，或者是工厂混淆了水和氮气的软管连接装置(CCPS 2008; Macleod 2014)。

无论水污染的初始源头是什么，该公司原本设立了可以减轻事件后果的其他系统，但其中一些系统已经失效。

- 用于反应预警的压力计和高温报警器失效。
- 为节省成本，该公司关闭了用于冷却液态甲基异氰酸酯的冷却系统。该系统本可以去除反应产生的热量，以防止或缓解甲基异氰酸酯沸腾。
- 甲基异氰酸酯储罐的泄压口连接至可以对甲基异氰酸酯进行脱毒处理的洗涤器，然而该排气洗涤器已被关闭(见图 10.9)。
- 洗涤器原本将气体排放到可以燃烧甲基异氰酸酯的火炬塔，但由于正在修理受腐蚀的管道，洗涤器被从工艺中断开。
- 用于吸收甲基异氰酸酯蒸气的固定水幕系统高度有限，无法触及气体云。

使用标准保护层失效概率的定量风险分析可能已经表明，这是一个低概率事件，且可能根据公司风险标准判定为可接受风险。然而，该事件却是有史以来后果最严重的工业事故。原因包括：

- 工厂周围的社区规模不断扩大，与工厂的距离不断缩短，使大量人群暴露于危险区域。如果最初的定量风险分析没有更新，就会导致低估后果的实际严重程度。
- 最初的定量风险分析可能高估了保护层的可靠性。由于产品销量仅为设计产能的

1/3，该工厂面临沉重的成本压力。该工厂不仅为节省资金关闭安全系统，而且削减了工厂本身的维护成本，导致工厂处于失修状态，人员和培训资源也有所减少。将成本置于过程安全之上，反映出该工厂的不良安全文化，这是影响所有保护层的本质原因。

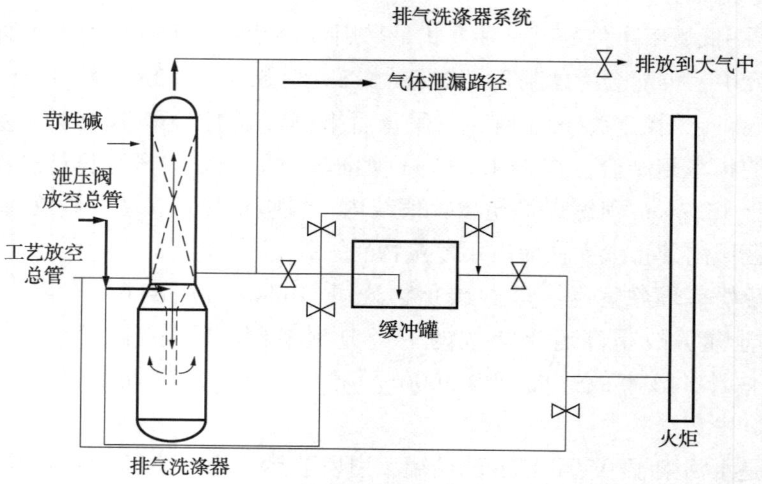

图 10.9　紧急泄压排气处理系统及串联的洗涤器和火炬示意图
（由美国化学工程师协会提供）

此次事故造成的实际后果非常严重。联合碳化物公司最终经历多次拆分和合并后倒闭。

良好的*过程安全文化*是确保所有保护层可靠性的重要根基。这要求“始终保持危机感，营造乐于学习、敢于质疑的良好环境”[贝克安全审查小组(贝克小组，2007)]。尽管可以通过调整可接受的 $F-N$ 曲线斜率，为高后果低概率事件设定标准，但为妥善管理高后果低概率事件的风险，仍必须“在危害识别阶段识别这些事件”，并持续维护保护层，而不能仅依赖于建立风险标准。

10.4　示例

10.4.1　比较设计方案：溴处理设施

比较设计方案的常用指标是个人风险或地理风险等值线。相比参照固定标准，使用这一指标可以更好地进行定量风险分析，因为比较定量风险分析中的不确定性，远低于参照固定标准进行比较的定量风险分析(注：生成地理风险等值线所需的计算数值比社会风险等值线的计算数值更简单)。

以某一溴卸车、储存和进料系统(Hendershot 等，2006)的定量风险分析为例。该系统中包括 2.8m^3(750gal)、0.2m^3(50gal)两个进料罐。溴是有毒物质，且蒸气压较高。溴的性质见表 10.3。储罐以及大部分阀门和管道均位于围护建筑内，并向洗涤器和烟囱排放气体。溴每几个月由槽车运送一次。为确保持续安全运行，储罐和结构支撑需要进行维修。

表 10.3 溴的性质

属性	值
相对分子质量	160
沸点	59℃
凝固点	-7℃
在 77℉时的密度	25.9bl/gal *
在 25℃时的平衡蒸气浓度	285000ppm
容许接触限值(美国职业安全与健康管理局，OSHA)	0.1ppm
《应急响应计划指南》(ERPG)中数值	
ERPG-1	0.2ppm
ERPG-2	1ppm
ERPG-3	5ppm

注：1lb=0.45kg，1gal=3.79L。

定义问题： 运营该系统的组织决定评估两种方案：一种是采用本质更安全设计，另一种是对现有系统进行修复。问题可以定义为："溴瓶系统能否充分降低风险，以证明移除现有储罐和设置溴瓶进料过程的成本合理性？"

确定备选方案： 本质更安全设计方案是使用 0.5m^3(120gal)的溴瓶代替储存和进料罐。溴瓶将设在现有围护建筑内，放在秤上，并直接向工艺供料(无须进料罐)。另一个溴瓶将存放在现场的储存区。所有溴瓶连接装置和所有工艺阀门均置于围护建筑内。

显而易见，本质更安全设计方案的风险较低，但是，溴槽车卸载频率为每年几次，而溴瓶的断开和连接频率为每月两次左右。因此，问题定义应是确定该本质更安全设计方案能否充分降低风险，以证明系统拆除的成本较维修成本更合理。

评估基线风险并筛选备选方案： 确定备选方案后，决策流程的下一步是评估备选方案，即选择维修还是更换。本案例中涉及一个现有设施，且先前并未通过定量风险分析评估基线风险(维修)。在考虑更换现有系统时，这种情况很常见。为进行定量风险分析，必须确定两种备选方案的风险情景。表 10.4 列出了相关的风险情景，并计算了每种情景的发生频率。

风险分析的后果和风险计算通过风险分析计算机程序完成，本例中使用的是 DNV 公司的 SAFETI 6.4 版本。

图 10.10 所示为槽车/储罐的个人风险等值线，图 10.11 所示为溴瓶系统的个人风险等值线。表 10.5 所示为计算结果。在方案 B 中，居民住宅未受到任何影响。

制定决策： 溴瓶系统可将风险降低几个数量级。假设拆除现有设备的成本与降低的风险不成比例，则做出更换设备的决策更加合理。

表 10.4 溴卸车和进料系统的风险情景

槽车和储罐系统
从槽车到 750gal 储罐之间的管道泄漏，发生在建筑内；
750gal 储罐泄漏；
750gal 储罐故障；
从 750gal 储罐到 50gal 储罐之间的管道泄漏；
50gal 储罐泄漏；
50gal 储罐故障；
从 50gal 储罐到反应器之间的管道泄漏，发生在建筑内；
正常卸车条件下槽车的灾难性故障；
卸车区域或相邻建筑物的火灾导致溴槽车超压——受热和溴沸腾，安全阀未能开启卸车区域或相邻建筑物的火灾导致溴槽车超压——受热和溴沸腾，安全阀正常开启导致排放，但槽车未破裂；
槽车壳体各种尺寸的泄漏；
卸车软管故障，操作员在 10min 内迅速响应关闭流量；
卸车软管故障，操作员没有响应关闭流量，流量持续 1h
溴瓶系统
卸车软管故障(2 根软管)，或软管未正确连接；
溴瓶阀门泄漏；
溴瓶灾难性故障(包括掉落或处理不当)；
从溴瓶到反应器之间的管道故障，或管道泄漏；
溴瓶直接泄漏；
溴瓶直接泄漏，发生在建筑外

注：1gal = 3.79L。

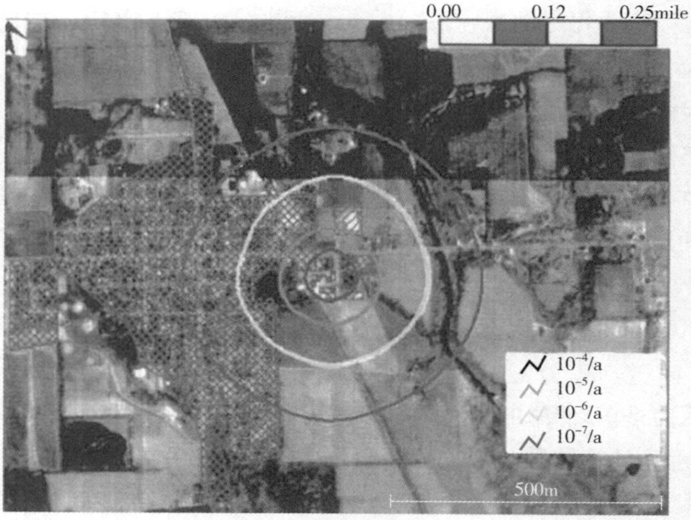

图 10.10 溴储罐系统个人风险等值线(Hendershot 2006)

图 10.11 溴气瓶系统个人风险等值线(Hendershot 2006)

表 10.5 图 10.10 和图 10.11 中个人风险等值线的距离

系统	风险等值线/a^{-1}	距离/m(ft)
10.2 储罐	10^{-4}(1/10000)	50(164)
	10^{-5}(1/100000)	100(328)
	10^{-6}(1/1000000)	185(607)
	10^{-7}(1/10000000)	280(919)
10.3 溴瓶处理	10^{-7}(1/10000000)	50(164)
	10^{-8}(1/100000000)	80(262)

上述案例涉及中级到复杂风险决策。尽管只有两种备选方案，但存在多种风险情景。如果设计方案是新建设施，可能会有更多可供评估的备选方案，例如装置相对于距离最近的人群或有人建筑物的位置。

10.4.2 合规和持续改进：有机酸排放系统

以下是一则利用定量风险分析推动持续改进的案例：伊士曼化学(Eastman Chemical)公司对处理有机酸的工艺排放系统进行了研究(Garland 2010)。该公司有数百个使用乙酸、丙酸和丁酸作为溶剂的容器。这些容器根据当时适用的工程标准设计制成，有些可以追溯至20世纪30年代。在美国，易燃液体和可燃液体的分界线是闪点是否小于100℉(38℃)。乙酸的闪点为104℉(40℃)，接近这一人为分界线，因此，不难想象，在工艺条件下，含有乙酸的工艺物流温度可能会超过其闪点。该公司决定验证这些容器是否符合其现行的风险标准，并针对不符合标准的情况开发风险降低备选方案。

问题陈述： 伊士曼化学公司希望评估这些容器是否符合其现行的风险标准，如果不符合，是否应在所有容器和排放系统中采用氮气惰化。

评估基线风险： 评估基线风险需要收集酸/水混合物在各种条件下的闪点和最小点火能数据。根据这些数据，该公司对含有有机酸的容器进行了定性风险评估，以识别需要进一步研究风险情景的相关系统。该公司制定了决策标准，将容器类型分组，并排除明显不会增加风险的系统(即不在易燃区域运行的系统)。

确定备选方案： 问题陈述中已确定备选方案，即氮气惰化。

筛选备选方案： 该公司针对定性风险评估阶段筛选出的容器进行了定量风险分析。如表 10.2 所示，伊士曼化学公司的首选工具是保护层分析和故障树分析/人因可靠性分析。定量风险分析的关键输入数据是估计点火源及其概率。

制定决策： 定量风险分析表明，在没有氮气保护层的情况下，容器和排放系统符合伊士曼化学公司的内部风险标准。

持续降低风险： 该公司结合定性和定量风险分析，共确定了 13 项可行的降风险策略，以践行“最低合理可行”原则。

上述案例涉及复杂风险决策，其中涉及许多受影响的系统，需要通过数据收集、定性和定量风险分析来制定决策。

10.4.3　特殊情况：多米诺效应

根据化工过程安全中心的定义，多米诺效应是指“由初始事件(如爆炸)触发次生事件(如有毒物质释放)，导致后果或影响区域扩大。通常只在原始事故的结果显著升级时才会考虑”。英国健康与安全执行局的文件《重大危险场所多米诺效应重要性的评估方法研究进展》(*Development of methods to assess the significance of domino effects from major hazard sites*, HSE 1998)就这一现象进行了详细论述。一旦确定了多米诺事件，便可以将其作为新的风险情景纳入定量风险分析，然后计算它们的频率和影响。

案例 1： **现场多米诺效应，墨西哥国家石油公司(PEMEX)墨西哥城液化石油气储运站。** 1984 年墨西哥城液化石油气储运站泄漏事件是多米诺效应的典型案例。该储运站有 4 个 1600m^3的液化石油气球罐、2 个 2400m^3的球罐，以及 48 个各种容积的卧式圆柱形储罐。关于泄漏的原因，至今尚未无定论，但可能是储罐溢流或液化石油气管道超压所致。泄漏持续大约 5~10min 后，形成的气体云飘至火炬塔并被点燃，引起地面剧烈震动和多处火灾。卧式储罐围堰内积聚了大量液化石油气，以至于火灾引发了 9 次爆炸和沸腾液体膨胀蒸气云爆炸(如图 10.12 所示)。储罐从支撑上被抛离，管道破裂。4 个小球罐被完全摧毁，金属碎片飞至 350m(1150ft)外的公共区域。12 个卧式储罐从支撑上被抛出超过 100m(330ft)，最远的一个被抛出 1200m(3940ft)。只有 4 个卧式圆柱形储罐未遭到破坏。扩散至储运站内建筑物和公共住房的气体被点燃，导致爆炸。当时厂内的工人正试图通过各种方法处理泄漏。爆炸发生后，物料仍向储运站持续输送了一个小时。这起事故导致 600 多人死亡，约 7000 人受伤(Lees 1996, CCPS 2008a)。如果液位和压力控制得当，本可以降低最初事故发生的可能性。适当的远程紧急停车控制措施、有效的消防措施以及合理的储罐间距，则可以限制初始火灾的后果。《设施选址和布局指南(第 2 版)》(*Guidelines for Siting and Layout of Facilities, 2nd Edition*, CCPS 2018)中列出了建议使用的间距，为如何做出明智的决策提供了指导。

图 10.12 墨西哥国家石油公司(PEMEX)液化石油气储运站多米诺效应(注意有多处起火)

案例 2：**场外多米诺效应未遂事件，2002 年第一化学公司(First Chemical)硝基甲苯爆炸**。一个蒸馏塔被关闭，底部残留有 4.5m^3(1200gal)的硝基甲苯。蒸汽通过一个阀门泄漏进塔内，并在几天内将硝基甲苯加热至其分解温度，导致蒸馏塔发生爆炸。爆炸产生的碎片击中了一个硝基甲苯储罐和现场的一个冷却塔，导致两处起火。其中一块重达 6t(6096kg)的蒸馏塔碎片飞行 335m(1100ft)后，落在一处原油储存设施附近(CSB 2003)。

多米诺效应常见于火灾和爆炸事故情景，但有毒物质释放也可能引发多米诺效应。例如，在第 9 章所述的光气案例中，释放的物质可能会进入控制室，致使操作员丧失能力，进而导致另一过程失去控制并引发设备泄漏。

与高后果低概率事件一样，为评估和确定风险缓解措施，识别潜在的多米诺效应至关重要。《重大危险场所多米诺效应重要性的评估方法研究进展》(HSE 1998)就如何识别潜在的多米诺效应提供了指导。《过程危害分析中的多米诺效应处理》(*The Treatment of Domino Effects in Process Hazard Analysis*, Baybutt 2015)提供了一种识别多米诺事件的方法，包括识别单元内可能发生的事件，以及确定可能影响该单元的事件。Baybutt 在文章中建议开展一定形式的定量风险分析，以进行更加精确的分析。

为了识别潜在的多米诺效应，可以对火灾、爆炸和有毒物质释放的影响进行后果分析，以确定以下几种情景的影响程度：

- 池火扩散(对其他设备和结构支撑的直接热影响)；
- 火灾热辐射；
- 爆炸超压；
- 爆炸产生的碎片；
- 有毒物质释放的危险浓度。

在分析阶段，可以测试以下几项风险缓解因素：

- 安全仪表系统；
- 远程控制切断阀；
- 减少库存；

- 设备和单元的分离；
- 围堤；
- 排放至安全位置；
- 防火和/或防爆墙；
- 燃烧下限或带报警和/或联锁切断装置的有毒气体探测器；
- 自动消防；
- 用于整体装置停车的自动或手动紧急停车系统；
- 调整卧式石油气储罐朝向，避免指向其他易被破坏的目标。

10.5 总结

部分国家或地区和许多企业均在决策流程中使用风险标准和定量风险分析。本章论述了巴斯夫(BASF)、陶氏化学(Dow Chemical)、伊士曼化学(Eastman Chemical)、塞拉尼斯(Celanese)和英国石油公司(BP)五家企业所采用的风险标准及定量风险分析工具和策略。这些企业采用的风险标准包括半定量风险矩阵、最低合理可行原则，以及个人和社会风险标准，使用的工具包括保护层分析、故障树分析、事件树分析以及完整的定量风险分析。

本章还通过两家公司的案例介绍了如何使用定量风险分析制定风险决策。其中一家公司评估了升级老化设施的两种方案，涉及中级风险决策。另一家公司则是对数百个容器进行评估，涉及复杂风险决策。后者并未将满足风险标准作为最终目标，而是综合采用数据采集、定性风险评估以及定量风险分析，以确定容器是否符合公司的风险标准，并确定进一步降低风险的方案。

此外，本章还论述了两种特殊的风险情景，即高后果-低概率事件和多米诺效应事件。在这两种风险情景中，识别所需评估的事件是最重要的环节。只有明确识别这些事件，才能进行有效的风险评估。关键在于要始终保持危机意识。

在组织内部上下层级之间传达定量风险分析结果时，需要将数据分析转化为便于所有人理解的“数据概要”，并确保提供数据访问权限，以支持做出明智的决策。

11 决策实施

11.1 简介

本章将探讨决策的实施。风险决策制定、实施和记录的整个过程涉及诸多人员，即便是由单个人员制定的快速或简单决策，在实施过程中也可能需要其他人员参与。

11.2 实施

显而易见，实施决策意味着对设施做出变更(除非决定保持现状)，因此需要进行变更管理审查。有关变更管理流程的具体内容详见第 9 章。《过程安全变更管理指南》(CCPS 2008)中详细介绍了变更管理流程。

11.3 文件记录

11.3.1 决策文件的重要性

决策团队的成员可能决策实施的过程，因此，适当的文件记录可以为决策实施人员提供指导。这些文件记录可能涉及多份文件。例如，记录风险分析工具(过程危害分析、风险矩阵、保护层分析、故障树分析/事件树分析和定量风险分析)使用情况的文件，以及/或者记录备选设计方案选择依据的文件；也可能是与决策及决策制定方式不相关的单独文件，或这些文件的附录。

文件记录的部分或全部内容可以作为过程安全信息，为今后制定决策提供技术假设和参考依据。

11.3.2 编写建议

除了最终决策，决策分析中还可能提出其他建议。例如，如果使用风险分析工具比较不同方案，可能会发现需要就已选定的备选方案提出进一步降低风险的建议。

故障树分析、事件树分析、定量风险分析以及增强型保护层分析等工具不仅可以计算总体风险，还可以确定单个事故情景对总体风险的影响程度。例如，在第 10.4.1 节“比较设计方案：溴处理设施”的案例研究中，如表 10.4“溴卸车和进料系统的风险情景”所示，每种风险情景对总体风险的影响可以使用定量风险分析软件进行计算。决策团队或决策执行者可能会发现，通过处理其中一些风险情景，可以进一步降低总体风险。

在编写建议时，内容应足够详尽，以便不同背景的团队能有效落实。在编写建议时应为决策执行者留出实施建议的选择余地，这有助于提高相关建议的可操作性。过程危害分析团队应重点关注危害识别，而非提供解决方案，其他团队则可以专注评估如何以最佳方式部署所需的防护措施。同理，决策团队应重点关注决策本身。

在第 12.2.1 节所述的案例研究中，关键决策是确定在哪个工厂安装工艺系统。可以预见：为评估工厂改造和新建方案的成本，在初步设计阶段设计团队可能会在制定设计决策的过程中面临多种备选解决方案。除非这些决策的备选方案对结果有实质性影响，否则这些方案应在后期进行评估。决策文件中可以记录这些设计方案。

11.3.3 法律顾问的意见

如果相关决策基于组织现行的风险标准，并且这些企业风险标准是在法律部门的指导或建议下建立的，则可以无须咨询法律顾问。同样，如果决策涉及的过程符合所在国家或地区建立的风险监管标准，也无须咨询法律顾问。

除上述情况以外，如果决策团队计划自行制定标准，则可能需要咨询法律顾问。

案例：一家制造工厂需要确保向公共污水处理厂（POTW）排放的苯乙烯不超过最高允许负荷（Davis 和 Ness，1999）。此前，该工厂曾多次超标排放，公共污水处理厂和市政当局警告称，如果再次超标，将处以巨额罚款，并可能责令关闭工厂。该工厂在项目开始时确定了一项备选方案，即在将废弃物排放至公共污水处理厂之前收集并分析所有废弃物，并委派团队确定和分析其他方案。尽管该工厂已制定可接受安全风险标准，但并未建立任何环境风险标准。为完成此次分析，该团队提出一项排放超过苯乙烯最高允许负荷时的可接受环境标准。在与市政当局讨论之前，该团队与业务和公司法务部门共同审议了这项决策标准。在与市政当局讨论期间，该工厂还解释了计划使用的方法。这些方法包括：

- 根据先前的过程危害分析识别相关的泄漏事故情景。
- 针对苯乙烯处理设备进行失效模式及影响分析，以识别设备故障相关泄漏事故情景。
- 使用引导词针对苯乙烯装卸操作进行分析，以识别操作相关泄漏事故情景。
- 使用保护层分析确定上述方法识别的泄漏事故情景发生的可能性。
- 确定风险降低方案，将总频率降至低于所提议的环境标准。

市政当局接受了该组织提议制定的可接受泄漏频率标准，其中一大原因在于该组织在解释风险分析程序时所表现出的开放态度。

11.3.4 决策文件的内容

良好的文件记录应符合以下要求：

- 说明问题定义，并做出必要的详细解释。问题定义有助于文件阅读者理解团队对问题的看法。团队可以就其定义问题的方式做出解释。
- 说明纳入考虑的备选方案。需要列出备选方案，以便阅读者理解所提出的选项。在该部分中，还可以展示未纳入考虑的方案并说明原因。

- 说明所选择的备选方案以及选择的依据。其中应包括第 4 章所述的决策标准和决策工具。
- 说明关键假设。如果出现改变或影响这些假设的情况，阅读者需要使用这些信息作为参考。除了技术性假设，这些假设还可以与生产水平、周边人群等因素相关。
- 解释未选择其他备选方案的理由以及被排除的方案不符合哪些标准?
- 提供关键参考资料。例如过程危害分析、风险分析、设计文件、成本效益分析等。

11.3.5 决策文件的保存

决策文件中可能包含过程安全信息，即与工艺相关的化学品、技术和设备信息。如果决策流程文件包含新的过程安全信息，应将这些信息补充至现有的过程安全信息文件记录中，并在相关过程的整个生命周期内保存。如果工艺发生变更、产生新的过程信息或者出现过程相关危害，应确保及时更新过程安全信息。

美国要求各组织在过程的整个生命周期内保存过程危害分析和过程危害分析再验证记录。其他国家或地方当局可能有其他要求。如果在风险决策流程中对某一受控过程进行了过程危害分析，则该过程危害分析在受控范围内，需要在过程的整个生命周期内保存相关记录。

如果没有法律要求，并且相关文件中未涉及过程安全信息，则组织可自行制定记录保存政策。如果使用了过程危害分析等风险分析方法，建议将记录保存尽可能长的时间，以便后续进行一到两轮过程危害分析再验证。

11.4 再验证

决策可能需要在未来进行审查，视具体情况而定。

11.4.1 基于时间

当地法规可能规定根据时间对记录进行再验证。例如，如上所述，对于美国 PSM 法规管控的过程，要求每 5 年对过程危害分析进行一次再验证。在开展再验证期间或之后，可能需要更新保护层分析、故障树分析、定量风险分析等过程安全研究的内容。美国的部分企业选择采用更短的再验证周期(如 3 年)，无论过程是否在 PSM 法规管控范围内。

11.4.2 基于情况

如果设备设施或者分析所依据的假设发生重大变更，组织可选择对相关分析结果进行再验证。可能影响决策依据的部分假设(除重大设施变更外)包括：

- 工艺运行的重大变更(新设备、第二条生产线)。
- 运行条件的变更(例如使用更高温度和压力)。
- 现场风险的变化[例如附近安装了新的生产单元(见第 10.4.3 节“特殊情况：多米诺效应”)]或现场人群的变化。
- 场外人群的变化(例如设施附近新建居民建筑物)。
- 影响在线时间的生产水平变更(例如从每周运行 5 天改为 7 天，反之亦然)。
- 原材料交付数量的变更(连接和断开频率增加)。

11.5 总结

决策团队的成员组成取决于决策的性质和复杂程度。团队中应纳入可提供关键技术和工艺过程建议的代表，并纳入专业人员(如成本分析师、过程安全代表)或在必要时向其咨询。对于中级决策和复杂决策，需要召开启动会议，以便决策团队成员相互了解，定义问题，并确定备选方案。团队应在启动会议期间确定筛选备选方案所需的资源。

决策执行者可能并非决策团队成员，因此决策和假设的文件记录应确保内容完整清晰。其中应包括以下信息：

- 问题定义；
- 纳入考虑的备选方案；
- 选择的备选方案；
- 备选方案的选择依据；
- 关键假设；
- 关键参考资料。

决策的实施需要遵循变更管理流程。这要求进行过程危害分析研究，同时更新过程安全信息和操作指令，并对操作员进行培训。

12 总结和教训

12.1 简介

遵循本书中的决策流程(或任何定义明确的决策流程)，有助于在大多数情况下做出更明智的决策。第7章~第11章举例说明了如何应用决策流程。本章将通过案例研究的方式，以实例说明未能正确执行决策流程步骤的情况。

在此提醒，决策流程的步骤包括：

1. 定义问题；
2. 评估基线风险；
3. 确定备选方案；
4. 评估备选方案；
5. 制定决策。

12.2 风险案例研究：决策失误

12.2.1 未能明确定义问题

2004年，乔治亚州MFG化学公司(MFG Chemical)化学反应失控和有毒物质泄漏事故。 MFG化学公司发生一起化学反应失控事件，造成丙烯醇和氯丙烯(一种有毒化学物质)泄漏，泄漏物呈蒸气云状。蒸气云飘向一处居民区，导致154人接触有毒蒸气云，需要接受脱毒治疗。第一批应急响应人员最初被告知这是一次泄漏事故，但并未得知有蒸气云，在驾车穿过有毒蒸气云时受到了氯丙烯的影响。随后，这些应急响应人员报告这是一起有毒物质泄漏事故，其他应急响应人员不得不在没有佩戴合适防护设备的情况下进入社区进行安全疏散(CSB 2006)。

MFG公司确定了三种工艺备选方案，其中两种方案采用逐渐加入反应物的方式，另一种方案则是一次性加入所有反应物并加热。MFG公司选择了最简单的方案，即一次性加入所有反应物并加热，这是进行放热反应最不安全的方式。由此可见，该公司未能明确定义问题和目标，未将过程安全纳入决策目标。同时，这一案例也表明，该公司未能正确践行基于风险的过程安全要素，即“**过程安全能力**”(由于没有遵循本质更安全原则，导致未在初始设计阶段发现问题）以及“**应急管理**”。

12.2.2 未能建立基线风险和确定备选方案

1993年，爱尔兰 Hickson PharmaChem 公司失控反应与爆炸事故。用于从含有硝基化合物的母液中回收异丙醇（IPA）的真空蒸馏单元内发生分解失控反应和爆炸。爆炸造成一人重伤，设备损坏，并炸毁一座工艺过程厂房（Birtwistle 2001）。

该工厂采用间歇蒸馏法回收异丙醇，并对每批蒸馏后的残留物进行冷却处理。1991年，该工厂改用多步蒸馏法，分三批次蒸馏回收异丙醇后再移除残留物。额外的蒸馏步骤使含有热不稳定化合物的残留物在更长时间内处于受热状态，导致残留物中的热不稳定物质浓度增加。1993年，该工厂发生一次停电，导致冷却和搅拌停摆，并且无法读取蒸馏釜的温度和压力。此次停电不久后便发生了爆炸。

Hickson 公司未评估现行工艺（单次蒸馏）的**基线风险（第2步）**，也未对替代工艺（多次蒸馏）进行危害识别和风险分析审查，未能践行这一基于风险的过程安全管理办法的核心要素。同时，该案例也展现了未能践行“**变更管理**”（基于风险的过程安全的要素）的结果。

Hickson 公司未能**确定备选**方案（**第3步**）（见第12.2.3节）。如果将蒸馏残留物从批次处理蒸馏釜中分离，并将异丙醇溶液单独储存在另一个容器内，直至积累相当于三个批次的异丙醇溶液量，则可以避免残留物长时间处于受热状态。另一种本质更安全的备选方案是，使用薄膜或刮膜蒸发器进行连续蒸馏，以最大限度减少残留物受热的时间。

2008年，乔治亚州帝国糖业（Imperial Sugar）公司粉尘爆炸事故。事故具体经过详见第8.3.1节“设备变更”。2008年2月，乔治亚州温特沃斯港的帝国糖业精炼工厂发生一次粉尘爆炸，随后引发一系列二次粉尘爆炸，造成14人死亡，36人受伤，其中有些人遭受永久性创伤。爆炸摧毁了工厂设施，而帝国糖业则被罚款870万美元。如需了解更多详情，可查阅美国化学品安全与危害调查委员会提供的完整报告和事故过程视频（CSB 2009）。

帝国糖业不仅未建立**基线风险（第2步）**，而且没有遵循有关粉尘积聚的相关标准，如美国国家消防协会654标准《防止可燃颗粒固体的制造、加工和处理的火灾和粉尘爆炸的标准》。如果对基线风险进行评估，帝国糖业可能会发现，隧道中的气流本可以防止可燃粉尘积聚并超过其最小爆炸浓度，但封闭输送带切断了气流，导致粉尘在封闭空间内积聚。

确定备选方案。帝国糖业本可以考虑在输送带上方加装一个无侧板的遮盖物，或者确保维持封闭空间内的气流，以防止粉尘积聚，而非选择将输送带完全封闭。另一种方法是将带式输送机改为螺旋输送机（该工厂已经使用了几台螺旋输送机）。

12.2.3 制定决策——未能做出权衡取舍

1998年，澳大利亚埃索朗福德天然气工厂爆炸事故。澳大利亚维多利亚州埃索朗福德天然气工厂发生一次严重的爆炸和火灾事故，造成2名员工死亡，8名员工受伤。该事故导致一号厂区被摧毁，二号和三号厂区关闭。事故发生后，整个州的天然气供应减少到正常水平的5%，造成严重的商业中断，并导致该省多数居民无法通过温水淋浴（CCPS 2008）。

一组吸收器发生工艺扰动，最终导致了一系列自动停机，造成流向换热器的高温“贫油”中断，温度大幅下降[工厂部分区域温度降至-48℃(-54℉)]。温度急剧降低使金属换热器冷脆，进而引发泄漏。操作人员尝试重新使高温贫油流向换热器以减少泄漏，但由此产生的热应力却导致换热器破裂，释放出大量油气混合物。混合物云团接触到点火源后，火势迅速回燃至泄漏点，造成 2 人死亡，多人严重烧伤。由于工艺管道和仪表流程图未及时更新，且工厂试图维持关键气体的供应，导致火源点无法被确认，火灾无法得到有效控制。

权衡取舍。在官方报告列举的众多原因和促成因素中，其中有一项决策是将工厂内部经验丰富的技术人员调遣至公司总部，并减少工厂主管和操作人员的数量。对此，一篇文章指出：“以往，操作人员能够通过与现场工程师的互动交流，学习工程专业技能与知识，而工程师被调离工厂剥夺了这一机会。同时，这种做法也使工程师无法深入了解工厂的各项活动。”(Kenney、Boult 和 Pitblado，2000)工厂的这一决策增加了其余操作人员的责任负担。埃索公司在制定决策时，并未充分评估人员重组所涉及的利弊得失。如果在危害识别和风险分析中进行组织变更管理审查，该工厂本可以妥善应对组织变更带来的风险。

《组织变更期间过程安全风险管理指南》(*Guidelines for Managing Process Safety Risks During Organizational Change*, *2nd Edition*, CCPS 2013)和《过程安全能力要求定义指南》(*Guidelines for Defining Process Safety Competency Requirements*, CCPS 2015a)分别提供了可用于分析组织变更的方法和工具。

12.2.4 制定决策——未能理解不确定性

2011 年，日本福岛核电站爆炸事故。事故具体经过详见第 6.7.1 节“过度自信”。如果对相关地震记录进行更广泛的研究，可以发现，核电站原始设计基准中并未评估潜在的不确定性。如第 6.7.1 节所述，福岛核电站已经认识到设计基准的不足之处，并计划采取措施以改进设计，但显然为时晚矣。有人认为，未能理解不确定性是造成过度自信的原因。

12.2.5 制定决策——未能进行风险识别和未能分析可接受风险

康尼格拉(ConAgra 2009)和 Kleen 能源(Kleen Energy 2010)天然气爆炸事故。在相隔 8 个月的时间内，北卡罗来纳州的康尼格拉食品公司和康涅狄格州的 Kleen 能源系统相继发生天然气爆炸事故，共造成 10 人死亡，100 多人受伤。其中，康尼格拉的爆炸事故还导致约 8164.8kg(18000bl)氨气泄漏到周围环境中，两起事故均对建筑物造成严重损坏。这两起事故都是在新的天然气管线进行空气压力测试后，使用天然气对测压后的空气进行吹扫导致的。吹扫出的天然气被排放至封闭空间内，而该空间内没有任何监控，没有点火源管控措施，也未控制人员进出以减少暴露于危险区域的人数。在调查这些事故时，美国化学品安全与危害调查委员会发现至少还有 4 起类似事故(CSB 2009 和 CSB 2010)。

尽管使用天然气吹扫新的天然气管线是许多企业广泛接受的做法，但在美国化学品安全与危害调查委员会调查的企业中，约有一半企业使用了更安全的方法，例如用空气或氮气清管、氮气吹扫、蒸汽吹扫和化学清洗。如果使用天然气吹扫的企业能够充分识别相关危害和/或评估风险是否符合企业可接受风险标准(如有)，这些企业可能会选择上述更安全的方法，或者至少可以增设更多防护措施。

12.2.6 制定决策——未能识别关联决策

设施选址。设施选址是关联决策的一个典型案例。工厂内部的新工艺单元、储存设施或厂房的选址可能会影响其他工作单元。

2005 年，英国石油公司得克萨斯城爆炸事故。事故概要详见第 2.4.1 节。简而言之，在启动一个异构化单元时，残液分离塔超负荷导致残液溢流。溢流物流至排污罐和排污塔，造成大量烃类物质泄漏至附近区域，遇到点火源后引发爆炸，造成 15 人死亡，170 多人受伤，该异构化单元和附近其他工作单元均受到严重破坏。

由于一系列决策失误，本次爆炸导致 15 人死亡。第一项决策失误是未更换排污罐和排污塔。排污罐最初安装于 1950 年，至 20 世纪 70 年代，直接向大气排放的排污塔已遭废弃。至 1986 年，炼油厂业主的内部标准要求在对该单元进行整修时，将排污塔更换为封闭系统。然而，在 1995 年和 2002 年进行的两次改造中，该工厂均未执行这一要求。这一决策使得排污罐附近的装置持续面临安全隐患。(若这一选择并非刻意为之，则恰恰说明，未做出决策本身也是一种决策，即所谓的“不作为决策”。)

第二项决策失误(或错失的良机)在于未将轻质木材拖车从所有遇难者所在区域转移。尽管内部标准明确规定，除非拖车所在位置已通过变更管理审查得到批准，否则此类拖车应至少距离工艺装置 106.68m(350ft)，但决策者仍决定将拖车留在原地。在该案例中，导致作出这一决策的原因在于变更管理审查不足。

12.3 经验教训和总结

随着社会对工业设施安全运营的要求不断提高，制定科学合理的过程安全风险决策变得越发重要。然而，重大事故仍频繁发生，这表明精准风险决策机制仍有待完善，亟须更多关注和深入研究。本章回顾了一系列事故案例，如果妥善遵循风险决策流程，这些事故本可以避免。某些情况下，分析相关决策流程可能被视为一种“事后诸葛亮”。然而，任何重大事故的最终结果都必然会受到监管机构和公众的质疑与审视。在 24h 不间断的新闻报道下，事故造成的影响更是被进一步放大。以下列出了一些近期发生且广受关注的事故案例：

- **2006 年英国邦斯菲尔德爆炸事故：**储油罐溢流引发大规模爆炸与火灾，摧毁了 20 个储罐及附近停车场，火势持续 5 天。在该事故中，决策者未能识别吞吐量大幅增加这一变更，也未审查控制系统与人员配置是否足以应对。该案例属于典型的“不作为决策”。
- **2010 年墨西哥湾麦肯多(Macondo)油井爆炸及环境泄漏事故：**尽管水泥塞压力测试显示存在问题，但管理者仍决定继续封井作业，钻井操作人员重复进行不同测试，直至获得其认为可以继续作业的结果。

- **2011 年美国加州里士满雪佛龙炼油厂火灾事故：**工厂未选择更换能抵抗硫化物腐蚀的合金钢管，而是依赖壁厚腐蚀监测。在安装监测站时，约 1.22m(4ft)长的管道段被忽略。工作人员尝试堵漏时，该管道段损毁，导致碳氢化合物泄漏并引发大火，火势浓烟滚滚，数英里外可见。为深刻吸取这起事故的教训，加州环境保护署针对炼油厂制定了更严格的监管要求。
- **2013 年得克萨斯州西部化肥厂爆炸事故：**当地社区扩张并迫近存有大量硝酸铵的储存点，该事故再次凸显了“不作为决策”的严重后果。
- **2014 年美国西弗吉尼亚州自由工业公司事故：**该泄漏事故导致埃尔克河受到污染，饮用水受到污染达数周之久。
- **2015 年中国天津港爆炸事故：**硝酸铵爆炸导致 165 人遇难，约 800 人受伤，并留下一个直径 100m 的巨坑。运营方 RHIL 利用政治影响力规避现有规则与许可制度(事故发生后 123 人被逮捕)(Trembley，2016；Hernandez，2016；Huang 和 Zhang，2015)。

这些事故不仅引发公众强烈反应和监管深度干预，而且损害了公司的声誉，对整个化工和石化行业的声誉也造成了负面影响。

上述事故案例似乎说明，化学过程工业在制定良好决策方面存在诸多不足。然而，我们必须认识到，引发社会舆论关注的通常都是后果严重的事故。如需了解应用风险决策工具的成功案例，可查阅各企业在研讨会上分享的成功与失败案例。本书参考的以下多篇论文均提供了应用风险决策工具的成功案例：

- Alspach，J. and Biancji，R. J. 1984，Safe handling of phosgene in chemical processing，Plant/Operation Progress (now Process Safety Progress)，Vol. 3 No. 1，January，p. 40-42.
- Chastain，W.，Delanoy，P.，Devlin，C.，Meuller，T.，Study，K.，2017，Beyond HAZOP and LOPA：Four different company approaches，Process Safety Progress，Vol. 36，No. 1，p. 38-53，March.
- Davis，Lloyd and Ness，Albert，1999，Using quantitative risk assessment to develop a cost-effective spill prevention program，Process Safety Progress，V. 18，No. 4，p. 211-213，Winter.
- Garland，R. Wayne，2010，Quantitative Risk Assessment Case Study for Organic Acid Processes，Process Safety Progress，Vol. 29，No. 3，p. 247-253，September.
- Gowland，R. 1996，Applying inherently safer concepts to a phosgene plant acquisition，Process Safety Progress，Vol. 15 No. 1，Spring，p. 52-57.
- Hendershot，D. C.，Sussman，J. A.，Winkler，G. E.，Dill，G. L.，2006，Implementing inherently safer design in an existing plant，Process Safety Progress，Vol. 25，No. 1，p. 52-57，March.

• Myers, P., Morgan, R & Flamberg, S. 1997, Toxic Hazard Reduction with Passive Mitigation Systems Process Safety Progress, Vol. 15 No. 1, Spring, p. 225-230.

通过文献检索可以查找了解更多案例。

严格遵循决策流程，正确应用决策分析和决策工具，审慎考虑权衡取舍，识别关联决策，理解决策流程中的不确定性，将有助于做出更加明智的决策。

参 考 文 献

Alspach, J. and Biancji, R.J. 1984, Safe handling of phosgene in chemical processing, *Plant/Operation Progress* (*now Process Safety Progress*), Vol. 3 No. 1, January, p. 40-42.

Baker Panel, 2007, *The Report of the BP refineries Independent Safety review panel*, http://www.csb.gov/assets/1/19/Baker_panel_report1. pdf

Baybutt 2007, An improved risk graph approach for determination of Safety Integrity Levels (SILs), *Process Safety Progress*, Vol. 26, No. 1, pp 66-762, March.

Baybutt 2014, The use of risk matrices and risk graphs for SIL determination, *Process Safety Progress*, Vol. 33, No. 2, pp 179-182, June.

Bridges and Dowell 2016, 'Identify SIF and specify necessary SIL, and other IPLs, as part of PHA/HAZOP', *Proceedings of the 12th global congress on process safety*, Center for Chemical Process Safety, New York.

Birtwistle, John 2001, *Hickson Pharmachem Ltd*, *Runaway Reaction Explosion and Fire*, American Institute of Chemical Engineers, Center for Chemical Process Safety, New York, NY.

CAIB 2003, *Report of Columbia accident investigation board*, *volume I*, Columbia Accident Investigation Board, Government Printing Office, Washington, D. C. (http: //www. nasa. gov/columbia/home/CAIB _ Vol1. html).

CCPS 1989, *Guidelines for process equipment reliability data*, *with data tables*, American Institute of Chemical Engineers, Center for Chemical Process Safety, New York, NY.

CCPS 1995, *Tools for making acute risk decisions with chemical process safety applications*, American Institute of Chemical Engineers, Center for Chemical Process Safety, New York, NY.

CCPS 1995a, *Guidelines for Process Safety Documentation*, American Institute of Chemical Engineers, Center for Chemical Process Safety, New York, NY.

CCPS 1996, *Inherently Safer Chemical Process*: *A Life Cycle Approach*, American Institute of Chemical Engineers, Center for Chemical Process Safety, New York, N.

CCPS 1999, *Guidelines for chemical process quantitative risk analysis*, 2nd Ed., American Institute of Chemical Engineers, Center for Chemical Process Safety, New York, NY.

CCPS 1999a. *Guidelines for process safety in batch reaction systems*, American Institute of Chemical Engineers, Center for Chemical Process Safety, New York, NY.

CCPS 2000, *Guidelines for chemical process quantitative risk analysis*, *2nd edition*, American Institute of Chemical Engineers, Center for Chemical Process Safety, New York, NY.

CCPS 2001, *Layer of protection analysis*: *simplified process risk assessment*, American Institute of Chemical Engineers, Center for Chemical Process Safety, New York, NY.

CCPS 2001a, *Revalidating process hazard analyses*, American Institute of Chemical Engineers, Center for Chemical Process Safety, New York, NY.

CCPS 2003, *Essential practices for managing chemical reactivity hazards*, American Institute of Chemical Engineers, Center for Chemical Process Safety, New York, NY.

CCPS 2007. *Guidelines for risk based process safety*, American Institute of Chemical Engineers, Center for Chemical

Process Safety, New York, NY.

CCPS 2007b. *Guidelines for safety and reliable instrumented protection systems*, American Institute of Chemical Engineers, Center for Chemical Process Safety, New York, NY

CCPS 2008, *Guidelines for hazard evaluation procedures*, *3rd Ed.*, American Institute of Chemical Engineers, Center for Chemical Process Safety, New York, NY.

CCPS 2008a, *Incidents that define process safety*, Center for Chemical Process Safety of the American Institute of Chemical Engineers, New York, NY.

CCPS 2008b, *Guidelines for management of change for process safety*, Center for Chemical Process Safety of the American Institute of Chemical Engineers, New York, NY.

CCPS 2009, *Inherently safer chemical processes: a life cycle approach*, American Institute of Chemical Engineers, Center for Chemical Process Safety, New York, NY.

CCPS 2009a, *Guidelines for developing quantitative safety risk criteria*, American Institute of Chemical Engineers, Center for Chemical Process Safety, New York, NY.

CCPS, 2010, *Guidelines for vapor cloud explosion*, *pressure vessel bursts*, *BLEVE and flash fire hazards*, American Institute of Chemical Engineers, Center for Chemical Process Safety, New York, NY.

CCSP 2012. *Guidelines for engineering design for process safety*, *2nd edition*, American Institute of Chemical Engineers, Center for Chemical Process Safety, New York, NY.

CCSP 2013. *Guidelines for managing process safety risks during organizational change*, *2nd edition*, American Institute of Chemical Engineers, Center for Chemical Process Safety, New York, NY.

CCPS 2014, *Guidelines for enabling conditions and conditional modifiers in layer of protection analysis*, American Institute of Chemical Engineers, Center for Chemical Process Safety, New York, NY.

CCPS 2015, *Guidelines for initiating events and independent protection layers*, American Institute of Chemical Engineers, Center for Chemical Process Safety, New York, NY.

CCPS 2015a, *Guidelines for defining process safety competency requirements*, American Institute of Chemical Engineers, Center for Chemical Process Safety, New York, NY.

CCPS 2018, *Bow Ties in risk ranagement: A concept book for process safety*, American Institute of Chemical Engineers, Center for Chemical Process Safety, New York, NY.

CCPS 2018a, *Recognizing and responding to normalization of deviance*, American Institute of Chemical Engineers, Center for Chemical Process Safety, New York, NY.

Chastain, W., Delanoy, P., Devlin, C., Meuller, T., Study, K., 2017, Beyond HAZOP and LOPA: Four different company approaches, *Process Safety Progress*, Vol. 36, No. 1, p. 38-53, March.

Considine, M. and Hall, S. M., 2009, The major accident risk (MAR) process-developing the profile of major accident risk for a large multi national oil company, *Process Safety and Environmental Protection*, Vol. 87, No. 1, p. 59-63, January.

CSB 2000. *Chemical manufacturing incident - April* 1998, U. S. Chemical Safety and Hazard Investigation Board, Investigation Report, Report No. 1998-06-I-NJ, August. (http://www.csb.gov/investigations).

CSB 2002, *Improving reactive hazard management*, US Chemical Safety and Hazard Investigation Board Investigation Report, No. 2001-01-H, October 2002.

CSB 2002a, *Explosion and fire*, *First Chemical corporation*, U. S. Chemical Safety and Hazard Investigation Board, Investigation Report, Report No. 2003-01-I-TX, October 13. (http: //www. csb. gov/investigations).

CSB 2003, *Hazards of nitrogen asphyxiation*, U. S. Chemical Safety and Hazard Investigation Board, Safety Bulletin, No. 2003-10-B, June. (https: //www. csb. gov/hazards-of-nitrogen-asphyxiation/)

CSB 2006, *Toxic chemical vapor cloud release*, U. S. Chemical Safety and Hazard Investigation Board, Investigation Report, Report No. 2004-09-I-GA, April. (http: //www. csb. gov/investigations).

CSB 2007. *Refinery explosion and fire. BP Texas City*, *Texas*, U. S. Chemical Safety and Hazard Investigation Board, Investigation Report, Report No. 2005-04-I-MS, March 23. (http: //www. csb. gov/investigations).

CSB, 2009, *T2 Laboratories*, *Inc. runaway reaction*, U. S. Chemical Safety and Hazard Investigation Board, Report No. 2008-3-I-FL, September.

CSB 2014. *Chevron Richmond refinery pipe rupture and fire*, Chevron Richmond Refinery #4 Unit, Richmond, CA, U. S. Chemical Safety and Hazard Investigation Board, Investigation Report, Report No. 2012 - 03 - I - CA, October. (http: //www. csb. gov/investigations). Gawande, A. 2009, The Checklist manifesto, Henry Holt and Company, New York, NY, 2009.

CSB 2014a, *Explosion and fire at the Macondo Well*; *Vol 3*, *Human*, *organizational and safety system factors of the Macondo blowout*, Chemical Safety and Hazard Investigation Board, Case Study, Report No. 2010- 10-I-OS, June 5. (http: //www. csb. gov/investigations).

Davis, Lloyd and Ness, Albert, 1999, Using quantitative risk assessment to develop a cost effective spill prevention program, *Process Safety Progress*, V. 18, No. 4, pp 211-213, Winter.

DIN 1994, (German Institute for Standardization) V 19250, *Control technology*: *Fundamental safety aspects to be considered for measurement and control equipment*, DIN, Berlin, Germany.

Dobelli, Rolf, 201, *The Art of thinking clearly*, Harper Collins, New York, NY.

DOD 2000, *Standard practice for system safety*, MIL - STD - 882D, U. S, Department of Defense, February. (http: //www. safetycenter. navy. mil/instructions/osh/milstd882d. pdf)

Gawande 2009, The Checklist Manifesto, Ault Gawande, Henry Holt and Company, New York, NY, 2009.

Garland, R. Wayne, 2010, Quantitative Risk Assessment Case Study for Organic Acid Processes, Process Safety Progress, Vol. 29, No. 3, p. 247-253, September.

Govindarajan and Terwilliger 2012, Yes, you can brainstorm without groupthink, *Harvard Business Review*, *Digital Article*, July 25. (https: //hbr. org/2012/07/yes-you-can-brainstorm-without).

Gowland, R. 1996, Applying inherently safer concepts to a phosgene plant acquisition, *Process Safety Progress*, Vol. 15 No. 1, Spring, p. 52-57.

Hammond, J. S., Keeney R. L. & Raiffa H. 1999, *Smart choices*: *a practical guide to making better life decisions*, Harvard Business School Press, Boston, 1999.

Hansen 2103, How John F. Kennedy changed decision making for us all, *Harvard Business Review*, *Digital Article*, November 22. (https: //hbr. org/2013/11/how-john-f-kennedy-changed-decisionmaking).

Hendershot, D. C., 1996, Risk guidelines as a risk management tool, *Process Safety Progress*, Vol. 15, No. 4, p. 213-218, Winter.

Hendershot, D. C., Sussman, J. A., Winkler, G. E., Dill, G. L., 2006, Implementing inherently safer design in an existing plant, *Process Safety Progress*, Vol. 25, No. 1, p. 52-57, March.

Hernandez, J. C. 2016, Tianjin explosions were result of mismanagement, China finds, New Yok Times, Feb. 5.

Hopkins, Andrew, *Failure to learn: the BP Texas City refinery disaster*, CCH Australia, Sidney, 2008.

HSE (1998), *Development of methods to assess the significance of dominnoffects from major hazard sites*, Health and Safety Executive (UK), ISBN 0 7176 2151 0, Her Majesty's Stationary Office, Norwich, UK, 2001. http://www.hse.gov.uk/research/crr_pdf/1998/crr98183.pdf

HSE (2001), *Reducing risk, protecting people: HSE's decision-making process*, Health and Safety Executive (UK), ISBN 0 7176 2151 0, Her Majesty's Stationary Office, Norwich, UK, 2001. http://www.hse.gov.uk/risk/theory/r2p2.pdf

Huang, P. and & Zhang, J. 2015, Facts related to August 12, 2015 explosion accident in Tianjin, China, Process Safety Progress, Vol. 34, No. 4, December.

IAEA 2015, *The Fukushima Daiichi accident*, International Atomic Energy Agency, Vienna, Austria 2015.

IChemE 2018, *The wisdom of Trevor Kletz-the 'founding father' of inherent safety*. (https://ichemeblog.org/2015/05/15/the-wisdomoftrevor-kletz-the-founding-father-of-inherent-safety-day-353/)

IEEE 1984. Std. 500-1984: *IEEE guide to the collection and presentation of data for nuclear power generating stations*, Institute of Electrical and Electronics Engineers, New York, NY, 1984.

IEEE 2007. Std. 493-2007: *Recommended practice for the design of reliable industrial and commercial power systems*, Institute of Electrical and Electronics Engineers, New York, NY, June 2007.

ISO 2009, *ISO* 31000, *Risk management - principles and guidelines*, International Standards Organization, Geneva, 2009.

G. D. Kenney, M. Boult, R. M. Pitblado 2000, *Lessons for Seveso* Ⅱ *from Longford Australia*, EU Safety Conference: Implementation of the Seveso Ⅱ Directive, Athens, Greece.

Kepner, C. H., and Tregoe, B. B., *The New rational manager*, John Martin Publishing Ltd., London, 1981.

Kytomaa et al. 2019, An integrated method for quantifying and managing extreme weather risks and liabilities for industrial infrastructure and operations, *Process Safety Progress*, Vol. 38 No. 2, Spring.

Lees, F. P. 1996, *Loss prevention in the process industries-hazard identification, assessment and control*', Volume 3, Appendix 4, Butterworth-Heinemann, Elsevier, Oxford, UK.

Lees (2004), Lees' *Loss prevention in the process industries*, *4th ed.*, Mannan, S. (editor), Butterworth-Heinemann, Elsevier, Oxford, UK.

Lewis, Michael 2017, *The Undoing Project*, *a friendship that changed our minds*, W. W. Norton & Company, New York, N. Y.

Markman 2015, The Problem-Solving process that prevents groupthink, *Harvard Business Review*, *Digital Article*, November 25, 2015. (https://hbr.org/2015/11/the-problem-solving-process-that-prevents-groupthink).

Mouawad, Jan, 2010, New culture of caution at Exxon after Valdez, *New York Times*, July 12.

Murphy, J. and Connor, J. 2012, Beware of the black swan: the limitations of risk analysis for predicting the extreme impact of rare process safety incidents, *Process Safety Progress*, Vol. 31, No. 4, p. 330-333.

Myers, P., Morgan, R & Flamberg, S. 1997, Toxic Hazard Reduction with Passive Mitigation Systems *Process Safety Progress*, Vol. 15 No. 1, Spring, p. 225-230.

OSHA 1992, *Process safety management of highly hazardous chemicals* (29 *CFR* 1910. 119); Federal Register 1992, Vol. 57, No. 36, February 24. https: //www. osha. gov/pls/oshaweb/owadisp. show_document? p_table=STANDARDS&p_id=9760

Pitblado, R. , Bardy, M., Nalpanis, P., Crosshwaite, P., Molazemi, K., Bekjaert, M., Raghunathan, V., 2012, International comparison on the application of societal risk criteria. *Process Safety Progress*, Vol. 31, No. 4, p. 363-368, Oct. 5.

Pitbaldo, R. and Weijand, P. (2014), Barrier diagram (Bow Tie) quality issues for operating managers, *Process Safety Progress*, Vol. 33, No. 4, p. 355-361, December.

Rosen 2015, Rosen, Robert, The Ten commandments of risk based process safety, *Process Safety Progress*, Vol. 34, No. 3, p. 212-213, September.

Sanders, R. E. 1993, Don't become another victim of vacuum, Chemical Engineering Progress, Vol 89 (9), p. 54-57 .

Taleb, N. N., 2010, The Black swan: the impact of the highly improbable, Random House Digital, New York.

TNO 2007. Purple Book-CPR 18E-*Guidelines for quantitative risk assessment*, TNO 2005, Netherlands Organization for Applied Scientific Research, The Hague, Netherlands, 2005.

Topalovic, Peter, Krantzenberg, Gail, 2013, *Responsible care: A case study*, De Gruyter, Berlin, GE.

Tremblay, J. 2016, Chinese investigators identify cause Of Tianjin explosion, Chemical and Engineering News, February 8.

UK 1975, *The Flixborough Disaster-Report of the Court of Inquiry*, Her Majesties Stationary Office, London, UK.